Español Lengua Extranjera

Preparación al examen

AF274262

Transcripciones y
Respuestas explicadas

Especial

A2
B1

DELE
ESCOLAR

Curso completo

Mónica García-Viñó Sánchez
Pilar Justo Muñoz

ÍNDICE

TRANSCRIPCIONES

EXAMEN 1 Personas y celebraciones

Tarea 1, p. 28

Pista 1

Conversación 0

Chico: ¿Has visto a la nueva profesora de Biología?

Chica: No, nuestro grupo todavía no ha empezado las clases de Biología. ¿Quién es?

Chico: La que está allí hablando con la jefa de estudios.

Chica: ¿La de gafas?

Chico: Noooo, esa es Carmen, la de Filosofía. ¿No la reconoces?

Chica: ¡Es verdad! Pero como se ha dejado el pelo largo... Entonces, ¿quién es la de Biología? ¡Hay un montón de *profes* hablando con la jefa de estudios!

Chico: La de pelo corto que lleva un pañuelo de colores en el cuello.

Chica: ¡Ya la veo! Parece simpática.

Voz de la narradora: ¿Quién es la profesora de Biología?

Pista 2

Conversación 1

Chico: Esta semana es tu cumpleaños, ¿no?

Chica: Sí, el jueves, pero lo celebraré el sábado.

Chico: ¿Y dónde lo vas a celebrar? ¿En tu casa como el año pasado?

Chica: ¡Qué va! Mi madre dice que lo ensuciamos todo y que hacemos mucho ruido. Luego los vecinos se enfadan.

Chico: ¿Entonces? ¿Qué vas a hacer?

Chica: Pues primero pensé en preparar unos bocadillos y bebidas y hacerlo en el campo. Pero dicen que va a llover. Así que al final lo haré en una hamburguesería.

Chico: ¡Qué mala suerte! Era una idea muy original.

Voz de la narradora: ¿Dónde va a celebrar su cumpleaños la chica?

Pista 3

Conversación 2

Chico: Y tú, ¿ya sabes qué quieres ser cuando seas mayor?

Chica: Pues la verdad es que no lo he pensado mucho... Supongo que algo relacionado con el diseño. Es lo que más me gusta y, además, soy buena. ¿Y tú?

Chico: Pues yo, cuando era pequeño, quería ser médico, como mi padre. Luego, futbolista, y luego un tiempo quise ser piloto...

Chica: ¿Y ahora? ¿Qué quieres ser?

Chico: Pues he vuelto a mi primera idea: voy a estudiar Medicina.

Chica: ¡Me parece una buena idea!

Voz de la narradora: ¿Qué quiere ser el chico cuando sea mayor?

Pista 4

Conversación 3

Chica: ¿Y esa foto?

Chico: Es mi padre cuando era joven.

Chica: ¡Es increíble! Creía que eras tú. ¡Te pareces muchísimo a él!

Chico: Sí, todo el mundo lo dice. Mi hermano se parece más a la familia de mi madre, pero yo soy idéntico a mi padre. ¿Y tú? ¿A quién te pareces?

Chica: Pues mi madre dice que tengo los mismos ojos claros y el mismo color de pelo que mi abuela. Cuando vengas a casa, te enseñaré una foto de cuando tenía mi edad.

Voz de la narradora: ¿A quién se parece la chica?

Pista 5
Conversación 4
Chico: Oye, tenemos que hacer el trabajo de Ciencias. ¿Dónde nos reunimos para hacerlo?
Chica: Pues en mi casa es difícil. Comparto el dormitorio con mis dos hermanas. Y mis padres por la tarde ven la tele en el salón.
Chico: ¡Uf! ¡Tienes una gran familia!
Chica: Sí, mis padres y nosotros cuatro.
Chico: ¿Cuatro?
Chica: Sí, también está mi hermano mayor, Jaime. Tú no lo conoces. ¡Y la casa solo tiene tres dormitorios!
Chico: Pues yo soy hijo único, así que tengo un cuarto para mí solo.
Chica: ¡Qué suerte!
Voz de la narradora: ¿Cuál es la familia del chico?

Pista 6
Conversación 5
Mujer: Entonces, ¿quiénes van a venir a tu cumpleaños?
Chico: Pues Antonio, Marina, Juan y su hermana... ¡Ah! Y Roberto, claro.
Mujer: ¿Y Enrique? ¿No lo has invitado?
Chico: Claro que lo he invitado. Pero no creo que venga porque está castigado.
Mujer: ¡Vaya! ¿Y eso?
Chico: Pues que su madre está muy enfadada con él. Dice que es un vago y que por eso ha suspendido tres asignaturas esta evaluación.
Mujer: Hablaré yo con ella, a ver si lo perdona.
Chico: Vale, pero no creo que la convenzas.
Voz de la narradora: ¿Por qué está castigado Enrique?

Pista 7
Conversación 6
Chica: Y tú, ¿quién dirías que es tu mejor amigo?
Chico: Es difícil elegir uno. Tengo muchos amigos y todos son importantes para mí.
Chica: Pues yo también tengo muchos amigos y amigas especiales: Alicia, la que vive en el piso de arriba de mi casa. Marisa, estudiamos juntas desde que teníamos cinco años... Pero si tengo que quedarme con una sola, yo diría que mi prima Andrea.
Chico: ¿Tu prima?
Chica: Sí. Le cuento todos mis secretos y es la persona que mejor me conoce.
Voz de la narradora: ¿Quién es la mejor amiga de la chica?

Pista 8
Conversación 7
Chico: Ayer me hicieron la revisión médica y peso 55 kilos.
Chica: Ocho más que yo.
Chico: Pues, ¿sabes cuánto pesa mi hermano pequeño? ¡Casi sesenta kilos!
Chica: ¡Sesenta kilos! ¡Pero si tiene 14 años!
Chico: Ya, pero es que mide un metro setenta y tres. El médico dijo que era lo normal.
Chica: ¡Puf! Ha crecido muchísimo desde la última vez que lo vi.
Chico: Ahora mide más que mi padre.
Chica: Jugará al baloncesto, ¿no?
Voz de la narradora: ¿Cómo es el hermano del chico?

Tarea 2, p. 30
Pista 9
Mensaje 0
Ernesto, soy Héctor. Te llamo porque no sé si te han contado que estamos preparando algo para despedir a Manu. No le digas nada, porque es una sorpresa. El padre de Jorge nos deja su local y vamos a llevar todos algo de comer o de beber. Rosa va a hacer la decoración. ¿Puedes encargarte tú de la música? Llámame, por favor.

Mensaje 1

La mayoría de los libros de autoayuda están pensados para un público adulto, cuando todos sabemos que el periodo más difícil de la vida es la adolescencia. *La adolescencia no es una enfermedad*, el libro escrito para chicos y chicas y dirigido a resolver todas sus dudas y angustias. Aproveche el precio especial de lanzamiento hasta el 1 de agosto.

Mensaje 2

Rocío, soy Ester. ¡Nunca contestas al teléfono! Te llamo para que no te olvides de que mañana es el Día de la Madre. Tenemos que comprarle algo. ¡No más música, que llevamos dos años regalándole lo mismo! Yo he pensado en un perfume o quizá un pañuelo. ¿Te acuerdas de esos tan bonitos que vimos el otro día?

Mensaje 3

Milaventuras, especialistas en organización de fiestas y celebraciones en colegios: Navidad, Halloween, fiestas de fin de curso. ¡Un montón de actividades para niños y jóvenes! ¡Muchas ideas originales que convertirán el patio del colegio en un mundo de fantasía y aventura! Si quiere ver toda nuestra oferta y consultar los precios, entre en nuestra página: www.milaventuras.com.

Mensaje 4

Tirabuzón abre ahora sus puertas en Tomares. Tirabuzón es un referente en la peluquería y estética de alta gama, siempre a la vanguardia de las últimas técnicas y tratamientos. Sus salones poseen todas las comodidades para el bienestar y el confort de nuestras clientas. Tirabuzón en Tomares, abierto de martes a domingo, de 8:30 de la mañana a 10 de la noche.

Mensaje 5

Hola, Mar, soy Claudia. ¿Te acuerdas de lo que te dije el otro día? ¡Pues me he atrevido! Me he cortado el pelo supercorto y me lo he puesto morado. ¡Estoy deseando que me veas! Mi madre no me reconocía cuando me vio. ¡Para que luego digas que no soy valiente!

Mensaje 6

Te invitamos a participar en el concurso de dibujo infantil y juvenil: «Imaginando y pintando nuestra familia». Si tienes entre 6 y 12 años, mándanos un dibujo donde imagines cómo crees que será tu familia. Habla con tus padres, hermanos mayores y profesores y, cuando tengas una imagen clara de cómo imaginas tu familia cuando seas mayor, haz un dibujo.

Tarea 3, p. 30

Pista 10

Marta: Hola, Óscar. ¡Cuánto tiempo! No te veo desde antes de las vacaciones.

Óscar: Es verdad. Creo que la última vez fue cuando fuimos al cine a ver aquella película de zombis.

Marta: ¡Ay, sí! ¡No me la recuerdes!

Óscar: Pues a mí me gustó. Bueno, dime, ¿qué tal llevas el curso?

Marta: Pues bien en general, no me puedo quejar. ¿Y tú?

Óscar: Yo no estoy muy contento. Voy fatal en Lengua.

Marta: ¿Y eso? Pero si siempre fuiste muy bueno en Lengua.

Óscar: Ya, pero es que el profesor de este año es muy exigente y no me gusta cómo explica.

Marta: ¡Vaya!

Óscar: Dentro de unos días tengo un control y estoy muy nervioso. No quiero suspender esta evaluación. ¡Puf! Prefiero no hablar de esto. Cuéntame, ¿qué tal Sonia? ¿No ha sido su cumpleaños hace poco?

Marta: Sí, dos días después del mío.

Óscar: ¡Ay! ¡No me digas! ¡Siempre se me olvida felicitarte!

Marta: ¡Bah! No te preocupes. ¡Ah! Tengo una noticia bomba.

Óscar: ¡Cuenta, cuenta!

Marta: Mi hermano ha ligado por fin.

Óscar: ¡No me digas! ¿Y quién es?

Marta: Creo que no la conoces. Es la hermana de un compañero de la universidad.

Óscar: Pues mi hermano sigue sin tener pareja y eso que gusta a muchas chicas.

Marta: Es que es muy guapo, pero un poco introvertido, la verdad.

Óscar: ¡Uf! ¡Qué tarde! Me tengo que ir porque necesito comprar un cuaderno y dos bolígrafos, y van a cerrar la tienda.

Marta: Yo también tengo que irme. Mi madre me ha pedido que compre el pan.

Óscar: Llámame y quedamos, ¿vale?
Marta: De acuerdo, adiós.

Tarea 4, p. 31
Pista 11
Primera noticia

Con la finalidad de fomentar la unión familiar y el valor social de los mayores en nuestras vidas, el Ayuntamiento de Apizaco organiza el concurso «Carta con cariño a mi abuelo». Podrán participar todos los niños y niñas entre 8 y 12 años de edad. El texto deberá estar basado en tres temas: cómo mejorar la relación con el abuelo o la abuela, lo que nunca le he dicho a mi abuelo o abuela y el valor de los abuelos dentro de la familia.

En el certamen, que se realizará en el marco del Día del Abuelo, los padres podrán apoyar a los niños en la redacción, ortografía y estilo de los trabajos que deberán entregarse en original y copia en un sobre cerrado con nombre, edad, dirección y teléfono. Se premiará a los tres mejores trabajos que deberán entregarse antes del 18 de agosto en las oficinas del ayuntamiento de lunes a viernes de nueve a tres de la tarde.

Pista 12
Segunda noticia

Según un estudio del Centro Reina Sofía sobre adolescencia y juventud presentado este miércoles, para los jóvenes españoles la comunicación a través de redes y aplicaciones se ha convertido en algo fundamental. Admiten que sin estas tecnologías se sentirían aislados. Los jóvenes afirman que tienen que estar permanentemente conectados porque todo pasa en las redes sociales. Para la mayoría de los jóvenes, las redes sociales son un espacio para integrarse, por tanto, los jóvenes que no tengan ordenador en casa o *smartphone* tienen mayor riesgo de quedar aislados. Sin embargo, los jóvenes también reconocen que, aunque Internet les permite mantener el contacto con personas físicamente alejadas, también puede aislarles de su entorno más cercano. El informe apunta que los encuestados que señalan que las nuevas tecnologías facilitan hacer nuevas amistades representan un número similar a los que creen que favorecen el aislamiento de la gente. Los adolescentes asumen con naturalidad los riesgos que supone el uso de la tecnología, como la pérdida de intimidad, porque consideran que los beneficios que obtienen compensan los peligros.

Pista 13
Tercera noticia

Los psicólogos alertan del riesgo de la moda de las *chicas-Barbie*. Proliferan las jóvenes que modifican su imagen para parecerse a la famosa muñeca. Primero fue la joven estadounidense Dakota Rose y luego llegó la *barbie rusa*, Valeria Lukyanova. Melenas rubias, ojos azules, largas pestañas, labios carnosos y cinturas de avispa. Esos son solo algunos de los atributos que copian las seguidoras de la Barbie. La moda de querer ser como la muñeca más famosa del mundo viene de hace tiempo, pero es ahora cuando se ha extendido y se ha hecho más visible gracias a Internet y las redes sociales. Son chicas que hacen de todo para parecerse a su muñeca favorita. Empiezan maquillándose, vistiéndose igual, copiando el peinado. Según los expertos hay que empezar a preocuparse cuando empiezan con dietas estrictas y ejercicio físico excesivo. Se visten, se maquillan, se peinan y se fotografían simulando las poses de la famosa muñeca. Y si hace falta, se ponen a dieta y retocan sus fotos con programas informáticos para llegar a donde no pueden por sí mismas. Algunas incluso utilizan la cirugía estética.

EXAMEN 2 Vivienda, tareas doméstica y alimentación

Tarea 1, P. 58
Pista 14
Conversación 0
Chico: ¿Qué tal tu nueva casa?
Chica: ¡Muy bonita! Ya estamos completamente instalados. Tienes que venir a verla.
Chico: ¿Cómo es?
Chica: Pues es un chalé de dos plantas con jardín...
Chico: Muy grande entonces.

Chica: ¡No te creas! Se pierde mucho espacio con las escaleras... De hecho, tengo que compartir el dormitorio con mi hermana pequeña.

Chico: ¡Vaya! ¡Si antes tenías un dormitorio para ti sola...!

Chica: Ya ves.

Voz de la narradora: ¿Cuál es el dormitorio de la chica?

Pista 15

Conversación 1

Chica: Este sábado vamos al cine. ¿Te apuntas?

Chico: No sé.

Chica: ¿Tienes planes?

Chico: Mis padres dicen que los fines de semana tenemos que ayudar en casa.

Chica: ¿Y cómo os repartís las tareas?

Chico: Pues primero pensamos que cada uno podía hacer lo que prefería.

Chica: Buena idea.

Chico: Ya, pero como no nos pusimos de acuerdo porque nadie quería planchar, hemos decidido hacer turnos. El sábado pasado me tocó pasar la aspiradora y este me toca cocinar.

Chica: ¡Qué rollo!

Voz de la narradora: ¿Qué va a hacer este sábado el chico?

Pista 16

Conversación 2

Chica: ¡Qué rico el bizcocho que comimos en tu casa!

Chico: ¿Sí? ¡Lo hice yo!

Chica: ¿De verdad? Pues dime cómo, porque va a ser el cumpleaños de mi padre y me gustaría hacerle uno.

Chico: Es muy fácil. Solo lleva harina, mantequilla, tres huevos...

Chica: ¡Mantequilla y huevos! Uf, es que mi padre sigue una dieta muy estricta y...

Chico: Bueno, entonces puedes hacer otro muy sano: lleva un yogur, zumo de limón, harina y aceite de oliva.

Chica: ¿Y no lleva azúcar?

Chico: Sí, sí, claro.

Voz de la narradora: ¿Qué lleva el bizcocho que va a hacer la chica?

Pista 17

Conversación 3

Mujer: ¿Adónde vas?

Chica: A casa de Manu. Hemos quedado para ir a la bolera.

Mujer: ¿Has terminado todo lo que tenías que hacer?

Chica: Sí, mamá: he planchado algunas cosas, he hecho la cama y he limpiado el polvo de mi cuarto.

Mujer: ¿Y tu armario?

Chica: Todavía no he ordenado el armario y los cajones: tengo que meter unos libros en cajas para darlos, pero te prometo que lo hago mañana.

Mujer: ¡Vale!

Voz de la narradora: ¿Qué no ha hecho todavía la chica?

Pista 18

Conversación 4

Chica: Tú, ¿dónde estudias normalmente?

Chico: Pues en mi cuarto.

Chica: Es que yo no puedo. Como comparto habitación con mi hermana...

Chico: Pero si vuestro cuarto es muy grande y tenéis dos escritorios.

Chica: Ya, pero a ella le gusta estudiar escuchando música...Y yo no puedo concentrarme.

Chico: Entonces, ¿dónde estudias?

Chica: Pues depende. Cuando mi padre no está, estudio en su despacho. En verano, a veces estudio en la terraza, y en invierno, en la cocina.

Chico: Yo no podría estudiar en la cocina. ¡Me pasaría el tiempo comiendo!

Voz de la narradora: ¿Dónde no estudia nunca la chica?

Pista 19

Conversación 5

Chica: ¡Qué bonito tu cuarto!

Chico: ¿Te gusta?

Chica: ¡Me encanta! ¡Lo has renovado todo!

Chico: Bueno, no todo.

Chica: Los muebles son nuevos, ¿no?

Chico: ¡Qué va! Son los mismos, pero hemos pintado las estanterías y las mesillas.

Chica: No sé... Yo lo veo diferente.

Chico: Lo único es que mi madre me ha hecho otras cortinas. Son bonitas, ¿no te parece?

Chica: Sí, sí, me encantan. ¿Y esta alfombra?

Chico: También la tenía, ¿no te acuerdas?

Chica: Pues no me había fijado. Te ha quedado todo genial.

Voz de la narradora: ¿Qué es nuevo en la habitación del chico?

Pista 20

Conversación 6

Chica: Me voy corriendo, que hoy me toca cocinar.

Chico: ¿Tú cocinas?

Chica: Bueno, no, pero hoy es el cumpleaños de mi madre y quiero darle una sorpresa. Y en tu casa, ¿quién cocina?

Chico: Pues antes cocinaba mi madre, es muy buena cocinera.

Chica: Sí. Me acuerdo de una vez que comí en tu casa...

Chico: Ya, pero desde que le cambiaron los horarios a mi madre, ahora es mi padre el que se encarga.

Chica: ¿Y qué tal?

Chico: Bueno....

Voz de la narradora: ¿Quién cocina en casa del chico?

Pista 21

Conversación 7

Chico: ¿Sabes? Ayer fui al médico y me dijo que no podía comer melocotón, melón ni plátano. Los plátanos no me importan, pero el melón... ¡Me encanta!

Chica: ¡Vaya! ¿Y eso por qué?

Chico: Tengo alergia.

Chica: ¡Qué mala suerte!

Chico: Ya ves. Pero no me quejo porque lo de Eduardo es mucho peor: no puede tomar yogures, queso ni mantequilla.

Chica: ¡Pobre! ¿Qué come entonces?

Chico: Menos esas cosas, come de todo: carne, pasta, pan, fruta, pescado...

Voz de la narradora: ¿Qué no puede comer el primo del chico?

Tarea 2, p. 60

Pista 22

Mensaje 0

Estimados clientes:

Con motivo del comienzo de las vacaciones de verano, lanzamos una oferta dirigida especialmente a los más pequeños de la casa: dos por uno en todos nuestros productos de la sección de pastelería y heladería. Por cada tarta, pastel o helado que compre, ¡llévese otro completamente gratis!

Mensaje 1

Muebles Pradera, el número uno de muebles infantiles y juveniles, abre en Burgos. Somos especialistas en muebles para niños y jóvenes. Camas, estanterías, escritorios adaptables a cualquier espacio. Diseñamos y creamos nuestros propios muebles. En nuestro local, situado en pleno centro, podrán comprobar la estupenda relación calidad-precio de todos nuestros productos. Se lo llevamos sin coste alguno a su casa.

Mensaje 2

Gema, soy Magda. ¿Te acuerdas de la lasaña tan rica que comimos el otro día en tu casa? Pues te llamo porque quiero que me digas los ingredientes y cómo la haces. Es que viene mi abuela a comer. ¡Siempre dice que no sé ni freír un huevo y quiero sorprenderla!

Mensaje 3

El pequeño chef, un libro de cocina original para los más jóvenes de la casa. Se incluyen sus platos favoritos (macarrones, *pizzas*, hamburguesas, helados...) y los platos que los adultos quieren que coman (ensaladas, pescado, carne, verduras...). Todas las recetas van ilustradas en forma de cómic donde se explican las recetas paso a paso.

Mensaje 4

Hola, Jorge. Resulta que se me había olvidado que hoy tengo que ayudar en casa. Es que mi madre quiere hacer limpieza general y quiere que la ayude a mover los muebles, pasar la aspiradora... No sé cuándo terminaremos, así que mejor dejar lo de ir a la piscina para mañana. Hablamos luego. Adiós.

Mensaje 5

Los supermercados Sánchez anuncian la apertura de su tienda *on-line*. La calidad y los precios de su supermercado preferido ahora sin salir de casa. En nuestra página web podrá cómodamente elegir los productos y los llevaremos a su casa por un coste mínimo. Y todos los que realicen hoy una compra en nuestra página tendrán un mantel de diseño exclusivo gratis.

Mensaje 6

Hola, Cristina. ¡Por fin he convencido a mi madre y vamos a cambiar los muebles de mi cuarto! No todos, pero por lo menos las mesillas y las estanterías. Bueno, que quiero que me digas dónde está la tienda donde compraste los tuyos. ¡Es que me encantan! Me dijiste que no eran muy caros, ¿verdad? ¡Llámame!

Tarea 3, p. 60
Pista 23

Julio: ¡Qué bien estuvo la fiesta en casa de Maribel! ¡Me lo pasé fenomenal!

Rocío: Sí, estuvo genial. ¿A qué hora te fuiste?

Julio: ¡Tardísimo! Al final, quedábamos solo cinco o seis y Maribel y su hermana se pusieron a llevar las cosas a la cocina. Entonces, Juan se puso a lavar los platos, yo a limpiar el suelo... Total, que acabamos a las dos de la mañana.

Rocío: ¡Puf! Pues yo me fui como a las once u once y media. Mi padre me llamó y me dijo que estaba fuera esperando en el coche y me tuve que ir. ¡Es que vivo tan lejos…!

Julio: Claro, igual que yo. Como mis padres no podían venir, me fui a dormir a casa de Tomás.

Rocío: ¿Por qué no te quedaste en casa de Maribel? Es muy grande...

Julio: Ya, pero es que se quedaron Marta y Raquel, y ya no había sitio para mí.

Rocío: Oye, ¡qué rico el pastel de chocolate que hizo Maribel!

Julio: ¿Sí? Yo es que cuando me acerqué a la mesa ya no quedaba. El que sí probé es el de frutas que preparaste tú. ¡Estaba muy bueno también!

Rocío: Pues es muy fácil. Si quieres, te doy la receta.

Julio: ¡No te molestes! Yo no sé cocinar. Por eso llevé patatas fritas, frutos secos, aceitunas y cosas de esas.

Rocío: Por cierto, me pareció preciosa la casa de Maribel.

Julio: ¿No la conocías?

Rocío: No, era la primera vez que iba y me encantó.

Julio: Sí, es verdad, es muy bonita.

Tarea 4, p. 61
Pista 24
Primera noticia

Un estudio reciente demuestra que los niños, desde bien pequeños, marcan sus preferencias sobre los alimentos que más les gustan y los que les resultan desagradables. Los niños comen más y lo hacen mejor con aquellos alimentos que les resultan familiares, los que ven en casa y los que come su familia. El estudio habla también sobre cómo influye la presentación de los platos en los niños. El número y la mezcla de colores en el plato, la cantidad de alimentos diferentes, la posición del producto principal y la organización de los alimentos en el plato son algunos de los factores que tienen un gran impacto en la forma en la que comen los niños. Conocer estos factores permite orientar a padres y responsables de la alimentación de los niños hacia una mejor presentación de los platos con el objetivo de lograr que coman los alimentos que el niño necesita para su correcto crecimiento y desarrollo físico y mental.

Pista 25
Segunda noticia
Según los expertos, la colaboración y distribución de tareas domésticas dentro de un hogar ayuda a la unión familiar. Las responsabilidades distribuidas en casa desarrollan la autonomía de los hijos. Los psicólogos recomiendan que, aunque los más pequeños no hagan las labores domésticas correctamente, es conveniente permitírselo y hacerles sentir que contribuyen a la limpieza y el orden. Todos en casa deben colaborar en las tareas y es necesario repartirlas de la manera más justa posible. Debido al trabajo de los padres, los horarios de los colegios y otras actividades, es buena idea hacer una reunión periódica para analizar cuáles son las tareas necesarias y cómo distribuirlas justamente, para que el hogar funcione correctamente. Así los jóvenes podrán participar en la decisión de las tareas que se deberán realizar a diario, semanal o mensualmente, en vez de una lista elaborada por papá y mamá. Por otro lado, los especialistas aconsejan que ciertos trabajos, como lavar los platos después de la comida o sacar la bolsa de la basura, sean hechos cada día por un miembro diferente de la familia.

Pista 26
Tercera noticia
La Casa de Juventud e Infancia del Ayuntamiento de Boadilla del Monte convoca este año el primer concurso «Con las manos en la masa», en el que podrán participar todos los niños y niñas de 5 a 13 años residentes en Boadilla del Monte. Los participantes tendrán que preparar un plato de cocina saludable que luego será probado por un jurado que premiará los tres mejores. Se valorará la creatividad, la dificultad de elaboración, la presentación y el sabor del plato preparado. Los requisitos del concurso son los siguientes: las recetas tendrán que realizarse el mismo día del concurso en la Casa de Cultura; solo se podrá participar con una receta; serán recetas de cocina en frío; no podrá usarse horno, cocina, batidora ni ningún otro aparato eléctrico; los participantes aportarán el material e ingredientes; el tiempo para realizar la receta será de 30 a 45 minutos; los participantes podrán estar acompañados de un adulto que no podrá intervenir en la elaboración de los platos. Las inscripciones se realizarán en la página web del ayuntamiento.

EXAMEN 3 Estudios, cultura y ocio

Tarea 1, p. 86
Pista 27
Conversación 0
Chico: ¿Qué te apetece hacer hoy?
Chica: No sé. Podemos ir al cine.
Chico: Uf, el cine es muy caro. Prefiero otra cosa.
Chica: Clara nos ha invitado a su casa esta tarde. Podemos escuchar música o jugar a la PlayStation. Tiene juegos nuevos.
Chico: Genial. Me encanta jugar a la Play.
Chica: Vale. Pues la llamo y le digo que vamos sobre las 18:00.
Chico: Perfecto. ¿Dónde quedamos?
Chica: ¿Vienes a buscarme a las 17:30?
Chico: Vale, pues nos vemos a las 17:30. Hasta luego.
Voz de la narradora: ¿Qué van a hacer los chicos?

Pista 28
Conversación 1
Chica: Buenos días, vengo a informarme sobre las clases de música.
Mujer: ¿Para qué curso?

Chica: Tercero de solfeo y segundo de saxofón.

Mujer: Un momento.

Chica: El año pasado tenía clase lunes y miércoles. A las 18:00 de solfeo y a las 19:30 de saxofón.

Mujer: Pues este año los horarios son los mismos. Tercero de solfeo lunes y miércoles a las 18:00. Segundo de guitarra a las 19:30.

Chica: No, guitarra no, saxofón.

Mujer: Perdona, la clase de saxofón es media hora antes.

Chica: Perfecto. Muchas gracias.

Voz de la narradora: ¿Qué instrumento toca la chica?

Pista 29
Conversación 2

Padre: ¡Felicidades, hija! Toma, este es tu regalo. Ábrelo a ver si te gusta.

Hija: ¿Qué es? ¡Oh, una cámara! Muchas gracias, papá.

Padre: ¿Te gusta? Yo pensaba regalarte un *e-book* y tu madre quería un *iPad*, pero…

Hija: Es fantástica, así puedo hacer fotos de todos lugares a los que vamos de vacaciones.

Padre: Sí, porque tu móvil no hace muy buenas fotos.

Hija: Es verdad. Las fotos de las vacaciones pasadas son horribles. Tenemos que volver a esa playa.

Padre: Nos alegramos de que te guste.

Voz de la narradora: ¿Qué le regalan a Sara?

Pista 30
Conversación 3

Chica: ¡Qué bien! El viernes no hay clase. Es fiesta. ¿Vas a hacer algo?

Chico: Tengo examen el lunes y pensaba estudiar.

Chica: Es que hay un concierto de nuestro grupo favorito en el Palacio de Deportes. Carmen, Raúl y yo vamos seguro y como sé que a ti también te gustan…

Chico: ¿Qué? Yo también voy. ¿Ya tienes las entradas?

Chica: No. Esta tarde las compraré por Internet con mi madre.

Chico: ¿Cuánto cuestan?

Chica: Depende, pero unos 60 €.

Chico: ¿A qué hora es?

Chica: Empieza a las ocho y media y termina sobre las once.

Voz de la narradora: ¿Cuántas personas van al concierto?

Pista 31
Conversación 4

Chico: ¿Sabes? Este año voy a participar en el intercambio de inglés, ¿y tú?

Chica: No lo sé. Mis padres dicen que depende de mis notas en inglés y no son buenas…

Chico: Sería estupendo ir juntos. No te preocupes, te puedo ayudar. Si quieres, hasta el verano, podemos estudiar juntos los miércoles o los sábados. Verás como tienes mejores notas.

Chica: ¡Buena idea! Prefiero durante la semana. No puedo los fines de semana.

Voz de la narradora: ¿Qué día quedan para estudiar?

Pista 32
Conversación 5

Chico: ¡Hola! Quería información sobre las actividades de tiempo libre para los fines de semana.

Mujer: A ver… los viernes solo hay plazas para los talleres de grafiti y de cocina.

Chico: ¿Cuántas plazas hay en el taller de grafiti? Somos tres amigos.

Mujer: Solo hay dos. Si tenéis bici, el sábado por la mañana podéis participar en el curso de bici de montaña o en el de composición musical. Por la tarde, hay plazas en el taller de diseño y en el de animación en 3D.

Chico: Vale, voy a hablar con mis amigos y venimos más tarde.

Mujer: Cerramos a la una y media.

Voz de la narradora: ¿Qué actividades hay el sábado por la tarde?

Conversación 6

Chico: Oye, ¿ya sabes qué vas a hacer el año que viene?

Chica: Pues quiero estudiar Turismo.

Chico: Entonces tienes que hacer el bachillerato y luego la prueba de acceso a la universidad, ¿no?

Chica: Sí, pero en bachillerato no sé si matricularme en Arte o en Humanidades. Además, tendré que estudiar idiomas. ¿Y tú?

Chico: A mí me interesa la protección del medioambiente y para eso tengo que ir a Formación Profesional. Quiero ser técnico en medioambiente.

Chica: ¡Qué suerte! No tendrás que hacer la prueba de acceso a la universidad.

Chico: No. Además mis padres están muy contentos con mi elección.

Voz de la narradora: ¿Quién va a ir a la universidad?

Pista 34

Conversación 7

Chica: Hola, quería información sobre lo que se puede visitar aquí, en Medina del Campo.

Hombre: Pues lo más importante es el castillo de La Mota y el Palacio Real Testamentario, donde murió Isabel la Católica.

Chica: ¡Qué interesante! ¿Y cuánto dura cada visita?

Hombre: La visita al castillo es guiada y dura dos horas. Podéis comprar la entrada aquí. Son 6 €.

Chica: ¿Y se puede visitar el palacio por la tarde?

Hombre: Sí, pero la visita no es guiada. Dura unos 45 minutos y cuesta 2 €, pero podéis comprar una entrada única para las dos visitas. Cuesta 7 €.

Chica: Pues muy bien. Gracias.

Voz de la narradora: ¿Cuánto cuesta la entrada única?

Tarea 2, p. 88

Pista 35

Mensaje 0

¿Te gusta la música? ¿Quieres aprender a tocar un instrumento? ¿Te interesa formar parte de la orquesta de tu ciudad? Entonces, ven a estudiar con nosotros. Estamos en la escuela de música Maestro Rodrigo. Ofrecemos diferentes cursos y horarios según tus necesidades. Después del segundo año, puedes tocar con la orquesta de tu ciudad. Entra en www.musicosaldia.com e infórmate.

Mensaje 1

Si quieres hacer ejercicio y mantener limpia tu ciudad, hazte socio de Amigos de la bici. Participa en las diferentes rutas que proponen los sábados y domingos. Y si no tienes bici, puedes alquilarla durante todo el día por 3 €. En www.amigosdelabici.org tienes el plano de rutas y las condiciones. Anímate a descubrir tu ciudad desde otro punto de vista.

Mensaje 2

Jóvenes con objetivo convoca su quinto premio de fotografía en la calle para no profesionales. Cada participante puede presentar un máximo de tres fotos que enviará por correo electrónico (antes del 30 de septiembre) a jovenesconobjetivo@concurso.es. La foto ganadora se expondrá en el programa general, en la página oficial de Jóvenes con objetivo y en las redes sociales.

Mensaje 3

La nueva escuela de atletismo de La Canaleja busca chicos y chicas de 12 a 16 años para formar un nuevo equipo. El objetivo es participar en el campeonato nacional de primavera. Si te gusta el deporte en equipo, únete a nosotros. ¡Te esperamos! Estamos en el polideportivo La Canaleja de Alcorcón. Más información en recepción de cinco a siete.

Mensaje 4

Aviso. Todos los alumnos mayores de 12 años matriculados en centros oficiales públicos y privados ya pueden solicitar el carné joven. Solo tienen que traer su DNI y una foto tamaño carné. Pueden hacerlo en las oficinas de la Juventud en horario de 10:00 a 13:00 y de 17:00 a 18:00 de martes a jueves. Este carné es válido un año.

Mensaje 5

Todos los jueves la Casa de la Juventud Peña Grande te propone aprender otro idioma a la vez que te diviertes y, además, es gratis. Una vez por semana tendrás la oportunidad de participar en nuestro programa tándem, donde puedes practicar francés u otro idioma, mientras conoces gente de diferentes lugares del mundo. Dirigido a jóvenes de 12 a 20 años.

Mensaje 6

Si te gusta jugar al fútbol en tu consola y quieres divertirte y competir con otros, apúntate a la 1.ª Liga solidaria de videojuegos de fútbol y colabora con los que no tienen nada. Habrá premios para los ganadores. Precio: 4 €. Inscríbete en ligasolidaria@jovenes.org. Estamos preparando un blog para organizar la liga. Te informaremos.

Tarea 3, p. 88
Pista 36

Sergio: ¡Blanca! ¡Qué alegría verte! ¿Qué tal tu experiencia como voluntaria?

Blanca: Ha sido estupenda. Al principio tuve muchas dificultades porque no sabía si podía participar.

Sergio: Sí, yo al final no pude hacerlo. En mi instituto no hay proyectos como ese y mis padres dicen que soy un poco joven aún. Oye, y qué tal el alojamiento.

Blanca: La casa donde vivíamos estaba lejos del pueblo. Éramos más de 30 y tuve que compartir habitación con chicas de otros países. Al principio no me gustó, pero luego vi que eran muy simpáticas y, aunque mi nivel de inglés era básico, pude comunicarme.

Sergio: Aprender idiomas es muy importante. ¿Sabes?, yo este año me examino del *First*. Oye, ¿y cuál era el proyecto?

Blanca: Hacer una obra de teatro para enseñar a los niños y niñas en edad escolar a usar bien el agua.

Sergio: ¡Qué interesante! Pero ¿tú sabes mucho de teatro?

Blanca: No, pero varios participantes tenían experiencia. Ellos nos dirigían y nos ayudaban con los papeles que teníamos que representar.

Sergio: ¿Has podido hacer alguna visita cultural?

Blanca: Bueno, hemos tenido dos días libres para visitar el centro de la ciudad. Una amiga italiana y yo fuimos a visitar un pueblo medieval.

Sergio: ¿Y cómo ha terminado todo?

Blanca: Muy bien. La obra era muy real y a los niños les gustó mucho.

Sergio: ¡Me alegro! El año que viene yo también quiero participar porque ya tendré 16 años.

Blanca: La verdad es que ha sido una gran experiencia. He mejorado mi nivel de inglés, tengo amigos de toda Europa y he aprendido mucho sobre diferentes culturas.

Tarea 4, p. 89
Pista 37
Primera noticia

Cuando Naruto, la serie de manga y anime redactada e ilustrada por Masashi Kishimoto, cumplió 25 años desde su debut, sus creadores presentaron un vídeo especial no solo con imágenes de los momentos clave de la historia, sino también con la evolución de un joven, Naruto Uzumaki, que busca ser reconocido como el líder de su aldea y convertirse en el Hokage, el ninja más poderoso. La historia narra la lucha de Naruto y sus amigos contra poderosos enemigos, mientras exploran temas como la amistad, el trabajo en equipo y el sacrificio personal. Con un estilo llamativo y una narrativa emocionante, la saga ha enamorado a millones de personas en todo el mundo.

Además, esta celebración audiovisual no solo revivió la esencia del manga, sino que fue la presentación de la nueva obra de Kishimoto: Boruto: Naruto Next Generations, a una nueva generación de fans. El universo de la saga sigue con nuevas historias.

Pista 38
Segunda noticia

¿Son los padres de ahora más generosos con sus hijos? Según un reciente informe sobre adolescentes, los datos parecen indicar que, debido a la crisis, los padres han disminuido la cantidad de dinero que dan a sus hijos. El 62 % de los adolescentes españoles entre 12 y 19 años no recibe paga fija, sino que se les da dinero a medida que lo necesitan. El 80 % consigue dinero extra de sus abuelos o parientes.

El 70 % no tiene que hacer ninguna tarea en casa para conseguir su paga. Solo el 19 % de los que tienen entre 12 y 15 años ayuda en casa, porcentaje que sube al 50 % en la franja de 16 a 19 años.

La cantidad media que reciben es de 13,5 euros a la semana. Dicen gastar unos 12 euros, pero en realidad su gasto es superior.

Según el estudio de la fundación Creafutur, gastan principalmente su paga en ropa, en salir a comer o tomar algo con los amigos y en tecnología.

Pista 39
Tercera noticia

El escritor y profesor Santiago Posteguillo vuelve a las librerías con un título, histórico y muy curioso *La sangre de los libros,* donde cuenta las historias secretas y más sorprendentes de los grandes títulos y autores de la historia. Un libro que rinde homenaje a textos, algunos perdidos y encontrados tiempo después, que han permitido que sus autores se estudien en las aulas. Posteguillo acerca al lector a los secretos de escritores universales y desvela los motivos que explican el porqué de sus obras más famosas.

Víctor Hugo, Espronceda, Lope de Vega o Isaac Asimov son algunos de los autores que encontrarás en *La sangre de los libros*, pero no son los únicos.

La historia de la literatura es también la historia de sus obras. De su origen, de cómo y por qué fueron concebidas y del proceso que desembocó en su publicación nos habla este título de Santiago Posteguillo.

EXAMEN 4 Compras, ropa y restaurantes

Tarea 1, p. 116
Pista 40
Conversación 0

Chico: Este fin de semana me voy con unos amigos a la sierra de Guadarrama.
Chica: ¿Vais el sábado o el domingo?
Chico: El sábado, saldremos a las siete. Pensamos hacer alguna ruta por la sierra.
Chica: Mi hermano tiene una guía con rutas y con mapas en color. Si vienes esta tarde a casa, te la presto.
Chico: Gracias. ¿A qué hora?
Chica: Vamos a cenar a casa de mis abuelos a las nueve, así que pásate a las seis y media.
Chico: Vale, entonces nos vemos luego.
Voz de la narradora: ¿A qué hora quedan en casa de la chica?

Pista 41
Conversación 1

Mujer: Buenos días. ¿Qué deseas?
Chico: Hola, quiero un kilo de patatas.
Mujer: ¿Algo más?
Chico: Sí. Quiero cuatro plátanos, seis peras y naranjas para zumo.
Mujer: Muy bien, ¿qué más?
Chico: Sí, mi madre quiere saber si tiene aguacates.
Mujer: No, no tenemos. Todavía no es temporada.
Chico: También quiero una lechuga y un kilo de tomates para ensalada.
Mujer: Los tomates están un poco verdes.
Chico: No importa.
Mujer: Muy bien. ¿Eso es todo?
Chico: Sí. ¿Cuánto es?
Mujer: Son 9 euros.
Chico: Tome.
Mujer: Aquí tienes el cambio.
Chico: Gracias, adiós.
Voz de la narradora: ¿Dónde está el chico?

Pista 42

Conversación 2

Chica: Mira, ¡qué camisa más chula!

Chico: ¿Esa de cuadros? Ya sabes que odio las camisas de cuadros.

Chica: Entonces, qué quieres comprar.

Chico: No sé, solo quiero mirar un poco.

Chica: ¿Y este polo? Es muy moderno.

Chico: ¿Moderno? Pues a mí no me lo parece.

Chica: Vaya, no tenemos suerte. Mira qué vaqueros tan chulos.

Chico: Ya, pero son un poco caros. Cuestan 35 euros.

Chica: ¿Caros?

Chico: Bueno. Voy a probármelos.

Chica: ¿Qué tal? ¿Te quedan bien?

Chico: Son un poco largos, pero me los llevo. Vamos a pagar.

Voz de la narradora: ¿Qué compra el chico?

Pista 43

Conversación 3

Chica: Marcos, el viernes es el cumpleaños de Lola. Tenemos que comprarle algo.

Chico: ¿Tienes alguna idea?

Chica: Sí, pensaba en un pañuelo o unos pendientes de plata.

Chico: No sé. En el mercado de la plata hay pendientes muy bonitos. Allí es más barato, ¿no?

Chica: Sí. Aunque no sé si preferiría una camiseta de rayas que vimos el otro día.

Chico: Ya tiene muchas.

Chica: Es verdad. Mejor vamos al mercado de la plata.

Voz de la narradora: ¿Qué le regalan a Lola?

Pista 44

Conversación 4

Chico: El domingo mi familia y yo vamos a un restaurante.

Chica: ¿Y cuál es tu comida favorita?

Chico: La verdad es que me gusta casi todo. La comida mexicana, por ejemplo, me gusta bastante.

Chica: Pues mi comida favorita es la india. Especialmente el pollo con curry y arroz. Me encanta.

Chico: A mí, la comida que más me gusta es la italiana, pero no la *pizza*, sino la pasta. Los espaguetis boloñesa son mis preferidos.

Chica: ¡Uf! ¡Qué hambre! ¿Tomamos una *pizza*?

Chico: Ja, ja, ja. Vale.

Voz de la narradora: ¿Cuál es la comida preferida del chico?

Pista 45

Conversación 5

Camarero: ¡Buenos días! ¿Qué van a tomar?

Mujer: De primero, ensalada mixta para mí, por favor.

Hombre: Para mí gazpacho.

Camarero: ¿Y de segundo?

Mujer: Paella de marisco para dos.

Camarero: ¿Qué desean para beber?

Mujer: Una botella de agua con gas, por favor.

[…]

Camarero: ¿Qué van a tomar de postre?

Hombre: Yo, un flan, por favor.

Mujer: Yo no voy a tomar postre, gracias.

[…]

Mujer: ¿Nos trae la cuenta por favor?

Camarero: Son 25 €.

Mujer: Aquí tiene. Muchas gracias.
Voz de la narradora: ¿Qué toman de primer plato?

Pista 46
Conversación 6
Hombre: Buenos días, ¿puedo ayudarte?
Chica: Sí. Busco unas botas negras o marrones.
Hombre: ¿Qué número tienes?
Chica: El 38.
Hombre: Aquí tienes varios modelos.
Chica: Estas marrones con tacón son muy bonitas. ¿Me las puedo probar?
Hombre: Sí, claro.
Chica: ¡Vaya! Me quedan pequeñas. ¿Tiene un número más?
Hombre: Lo siento, en ese modelo, no. Aquí tienes unas negras, pero sin tacón.
Chica: ¡A ver…! Me quedan bien y me gustan mucho. ¿Cuánto cuestan?
Hombre: 60 €. Están rebajadas.
Chica: Me las llevo.
Hombre: Muy bien. ¿Cómo vas a pagar?
Chica: En efectivo.
Voz de la narradora: ¿Qué botas compra la chica?

Pista 47
Conversación 7
Mujer: ¡Hola! ¿Qué vais a tomar?
Chico: Queremos una *pizza* con *mozzarella*, champiñones, atún y aceitunas.
Mujer: ¿Grande, mediana o pequeña?
Chico: Grande, por favor.
Mujer: Hoy hay una oferta especial para *pizza* grande o mediana. Por 1 € más puedes añadir otro ingrediente.
Chico: Pues extra de queso.
Mujer: ¿Para beber?
Chico: Dos refrescos de cola, uno de naranja y uno de limón.
Mujer: ¿La vais a tomar aquí o es para llevar?
Chico: Para llevar.
Mujer: Tenéis que esperar unos veinte minutos.
Chico: No importa. Nos sentamos aquí y esperamos. Gracias.
Voz de la narradora: ¿Cuántas bebidas piden los chicos?

Tarea 2, p. 118
Pista 48
Mensaje 0
¿Buscas unos vaqueros sin salir de casa? ¿No encuentras una tienda *outlet* con garantías? Entonces, Esquina vaquera es tu tienda. En un solo clic podrás ver nuestras ofertas. Entra en nuestra tienda *on-line* y encontrarás vaqueros de hombre y mujer de todas las marcas. Siempre con la mejor calidad y grandes descuentos. Una forma sencilla y segura de comprar tus vaqueros.
Mensaje 1
Apio&Zanahoria es una cadena nacional de comida vegetariana con más de 200 restaurantes en España. Ofrecemos una deliciosa cocina internacional, preparada solo con ingredientes 100 % de origen vegetal, más sanos y energéticos. Servimos también diversos platos sin gluten, aptos para celiacos. Horario: de martes a sábados: de 13:30 a 16:30 y de 20:30 a 24:00. Domingos: de 13:30 a 16:30. Lunes: cerrado.
Mensaje 2
Papillon es tu *boutique* de accesorios de moda y complementos. En nuestras tiendas encontrarás los accesorios de moda que buscas a precios irresistibles. Una cuidada selección de anillos, collares, pendientes, pulseras, bolsos y mucho más para que hagas ese regalo perfecto. Horario: de lunes a sábado sin interrupción. En diciembre, nueva *boutique* en Tenerife.

Mensaje 3

Ropa deportiva para practicar tu afición preferida. Todo para natación, pádel, tenis, *running* o fútbol. Ven a conocernos y verás los fantásticos diseños en botas de fútbol y nuestra amplia colección de moda de baño. Todas las marcas. Y, ahora, participa en nuestro concurso y gana un par de botas. Solo hasta el 25 de este mes y para jóvenes de 11 a 17 años.

Mensaje 4

Supermercado Más Salud te ofrece productos biológicos y naturales al mejor precio y con todos los beneficios de los productos de la agricultura ecológica: sin residuos tóxicos y mejores para el metabolismo. Visita nuestra web: www.masolivo.com y descubre la tienda más cercana a tu casa, múltiples recetas y consejos sobre vida sana. Si realizas tu pedido *on-line,* obtendrás un 5 % de descuento.

Mensaje 5

Zapajoven. Si buscas un zapato de moda y a buen precio, somos especialistas en calzado infantil y juvenil. En nuestras tiendas puedes encontrar una gran variedad de sandalias, zapatos y botas. Todas las tallas y colores. Y, ahora, nuestra nueva tienda en Gran Vía, 66, te ofrece zapatillas deportivas a precios juveniles. ¡Ven ya!

Mensaje 6

Estimados señores, hoy, en nuestra sección *gourmet*, hemos preparado una amplia gama de productos de más de 25 países para que pueda saborear y probar aquello más representativo de cada cultura. Si pasa por nuestra nueva sección, recibirá un regalo de bienvenida, un cheque descuento de 6 € para su próxima compra.

Tarea 3, p. 118

Pista 49

Carlos: Hoy en clase hemos estado hablando sobre si los jóvenes preferimos gastar dinero en ropa o en nuevas tecnologías.

Rosa: ¡Qué interesante! Y tú, ¿qué piensas?

Carlos: Bueno, para mí la tecnología es más importante que la moda y creo que la está sustituyendo como símbolo de estatus social y como una forma de estar conectados.

Rosa: No sé, para mí la moda es algo que muestra mi personalidad. Es un símbolo de identificación con un grupo social.

Carlos: Está claro que es una forma de expresión cultural, aunque yo tengo mi propio estilo y no me parece tan importante.

Rosa: Pues yo siempre tengo problemas con mi madre. No le gusta nada lo que me pongo ni cómo combino los colores. Siempre me dice: «Así vestida no puedes salir» o frases como: «Me da igual si lo lleva todo el mundo»… estoy cansada de sus comentarios, la verdad.

Carlos: Eso también le pasa a mi hermano. Mi madre le dice que lleva unos pantalones horribles y muy grandes.

Rosa: Al final, ¿cómo ha terminado el debate en clase?

Carlos: Pues la conclusión es que la moda en sí no es negativa si no nos controla. Y mi conclusión personal es que es mejor seguir la moda de las nuevas tecnologías, ja, ja, ja. Además, con un superteléfono puedes comprar toda la ropa que quieras *on-line.*

Rosa: Lo mejor es no ser víctima ni de la moda ni de las nuevas tecnologías, pero yo no tengo ese problema, mi problema es otro: no tengo suficiente dinero para ropa ni para un nuevo teléfono.

Tarea 4, p. 119

Pista 50

Primera noticia

No podemos afirmar que los adolescentes sigan la moda. Ellos tienen sus propias reglas. Son parte de una generación donde la información está a la orden del día y nadie cierra los ojos ante los *looks* que llevan desde Selena Gómez hasta Lady Gaga.

En las colecciones para jóvenes hay cada vez más diseño. Este verano predominarán los tonos flúor, los *shorts* y *leggins* de colores, las blusas y los vestidos románticos con flores y las camisetas con el símbolo de la paz, una calavera o un corazón. Las tendencias en calzado serán las botas de cuero y los zapatos con plataforma.

Para la noche la consigna es clara: solo se usa el brillo, sin olvidar los accesorios como los bolsos pequeños de color dorado; y es que los accesorios serán fundamentales: sombreros y chalecos para ellos, pañuelos de colores y collares para ellas… los jóvenes de hoy saben lo que quieren.

Imposible dejar de mencionar el toque naif que tiene como protagonistas a los personajes de la infancia: Minnie, Hello Kitty y Snoopy, entre otros, que se ven en camisetas y bolsos.

Pista 51

Segunda noticia

Las hamburguesas han experimentado una evolución significativa y se han convertido en un auténtico plato *gourmet*.

Lo divertido de este plato es que se come con las manos, dice Víctor Enrich, propietario de El Taller de la Hamburguesa lugar de culto para este plato tan internacional. Entrar en este local es un viaje en el tiempo. Allí puedes encontrar hasta quince variedades de hamburguesas en tres tamaños diferentes (100, 200 y 300 gramos) cocinadas a la parrilla para darle ese toque de *barbacoa* original. Los panes que puedes elegir son los de *focaccia*, payés, *hamburger* americano, de zanahoria y centeno. Y si te quedas con hambre, puedes picar alitas de pollo, nachos con queso cheddar y bacon… y muchas otras cosas. La carta contiene además seis tipos de ensaladas y menú infantil. Ah, también tienen servicio a domicilio y comida para llevar.

Y, lo mejor de todo, los refrescos de gran tamaño, tartas americanas (como la deliciosa *carrot cake*), batidos, patatas fritas etc., y todo con una estupenda relación calidad-precio (17 euros de media).

Pista 52

Tercera noticia

Todos necesitamos cosas ¿pero adquirirlas mediante la compra es siempre la mejor manera? ¿Qué opciones y alternativas hay? Para muchos jóvenes ir de compras es un hábito regular y una necesidad.

Según Pablo Barrenechea (de ECODES), ir de compras es una de las actividades en la que los jóvenes pueden hacer una contribución mayor para contrarrestar el cambio climático. Para muchos, el impacto de la ropa, los cosméticos y su relación con las emisiones de gases de efecto invernadero son difíciles de detectar o medir. Sin embargo, a través de la compra responsable, una iniciativa que se está haciendo cada vez más popular, podemos reducir nuestra huella de carbono.

El consumo responsable consiste en la compra de materiales producidos con criterios responsables, es decir, materiales que causan el mínimo daño a personas, animales o al medioambiente. Una de las ideas es comprar artículos de comercio justo, sin experimentación animal, orgánicos, reciclados, reutilizados o producidos a nivel local, apoyando directamente a empresas innovadoras.

EXAMEN 5 Salud, higiene y deportes

Tarea 1, p. 144

Pista 53

Conversación 0

Chica: La semana que viene es el cumpleaños de mi madre y no sabemos qué regalarle. Hemos pensado en un bolso, pero tiene muchos.

Chico: Nosotros, en Navidad, les regalamos a mis padres un masaje para dos personas.

Chica: ¡Qué original!

Chico: Mi hermana compró un bono regalo por Internet. El centro se llama Bienestar. Puedes entrar en su página web y ver todos los servicios que ofrecen.

Chica: ¿Y les gustó?

Chico: Estaban muy contentos. Al final del masaje les invitaron a un té con bombones.

Chica: Pues le diré a mi padre que lo compre. A mi madre esas cosas le encantan.

Voz de la narradora: ¿Qué van a regalar a la madre?

Pista 54

Conversación 1

Madre: Carlos, ¿vas a salir?

Carlos: Sí, mamá. Me voy ahora mismo. He quedado con Ana para ir a la biblioteca.

Madre: ¿Puedes pasarte por la farmacia a la vuelta? Es que tengo que comprar el jarabe para tu hermano y yo no puedo salir.

Carlos: Sí, claro.

Madre: También hay que comprar aspirinas y tiritas. Ya no quedan. Si ves que la farmacia no está abierta, puedes ir a la que está al lado de la panadería. Están hasta las nueve de la noche y no cierran a mediodía.

Carlos: Vale. No hay problema.

Madre: Mira, aquí tienes 20 €.

Voz de la narradora: ¿Qué necesita el hermano?

Pista 55

Conversación 2

Chico: ¿Has visto ya el nuevo club deportivo ?

Chica: No. Voy a ir con Marta esta tarde.

Chico: Antonio dice que es muy moderno y tiene piscina.

Chica: ¿Vas a ir a natación?

Chico: No, no me gusta nadar. Antonio y yo vamos a apuntarnos a clases de pádel.

Chica: A mí me encanta.

Chico: Pues nosotros buscamos pareja para jugar. ¿Queréis apuntaros con nosotros?

Chica: Me parece una buena idea. Marta quiere apuntarse a patinaje, pero el pádel también le gusta. A ella le gustan todos los deportes.

Chico: Vale, pues me envías un mensaje y me lo confirmas.

Voz de la narradora: ¿Qué deporte van a practicar los chicos?

Pista 56

Conversación 3

Chico: Hola, Carlota. ¿Qué te pasa? No tienes buena cara.

Chica: Es que no he dormido bien.

Chico: ¿Tienes insomnio?

Chica: No. Tengo dolor de cabeza. Ya he tomado una pastilla, pero nada.

Chico: ¿Y sabes por qué te pasa eso?

Chica: Sí. Siempre me pasa en época de exámenes. Creo que son los nervios.

Chico: ¿Por qué no haces algún ejercicio de respiración o yoga para relajarte un poco?

Chica: Es una buena idea.

Chico: A mí, durante los exámenes, me duele el estómago, pero mi madre me da una infusión relajante y se me pasa.

Chica: Pues voy a probar yo también.

Voz de la narradora: ¿Qué le duele a la chica?

Pista 57

Conversación 4

Chico: Hola, Ana. ¿Adónde vas?

Chica: Al supermercado a comprar algunas cosas. ¿Te vienes?

Chico: Claro. ¿Qué vamos a comprar?

Chica: Tenemos que ir a la sección de cosmética e higiene.

Chico: Vale, así compro un gel con olor a melocotón. Me encanta.

Chica: Yo tengo que comprar champú y gel de ducha. Hay uno de aceite de oliva muy bueno.

Chico: Sí, en casa también lo usamos.

Chica: ¡Ah! Y un cepillo de dientes para mi hermana. El suyo está muy viejo.

Voz de la narradora: ¿Qué necesita la hermana de la chica?

Pista 58

Conversación 5

Chica: Hola. Quería información sobre las actividades del gimnasio. No me gustan los deportes tranquilos, prefiero algo activo.

Hombre: Tienes el *kick boxing*, una mezcla de boxeo y artes marciales.

Chica: ¡Uy! Es que no me gusta luchar, prefiero algo de baile.

Hombre: Entonces, la zumba, una mezcla de aerobic con ritmos latinos como la salsa, el merengue, etc.

Chica: Sí. Eso es lo que quiero. ¿Qué días y a qué hora hay clase?

Hombre: Todos los días, pero solo hay plazas los lunes y miércoles a las 18:30. Puedes empezar el lunes.

Voz de la narradora: ¿Qué actividad ha elegido la chica?

Pista 59

Conversación 6

Chico: Entonces, ¿qué te ha dicho el médico?

Chica: Que soy celiaca.

Chico: ¡Anda! Como mi madre y yo. No podemos tomar alimentos con gluten como el pan, las galletas, la pasta… Pero sí podemos tomar leche, queso, mantequilla, carne, pescado, huevos, frutas… y muchas cosas más. Solo hay que mirar qué alimentos no tienen gluten.

Chica: ¿Sabías que Novak Djokovic o Miley Cyrus también son celiacos?

Chico: No, no lo sabía.

Chica: En mi familia no hay nadie, pero tendremos que cambiar un poco la dieta.

Voz de la narradora: ¿Qué alimentos no pueden tomar los chicos?

Pista 60

Conversación 7

Chico: ¿Dónde está tu hermano? Le he llamado varias veces y no me contesta.

Chica: Es que ha tenido un accidente con el monopatín.

Chico: ¿Qué le ha pasado?

Chica: Estaba en el circuito de *skate* y ha chocado con otro chico. Mi hermano se ha roto un brazo, el izquierdo.

Chico: ¡Vaya! ¿Y el otro chico?

Chica: Pues ha recibido un fuerte golpe en la cabeza y se ha roto una pierna. Ahora están los dos en el hospital.

Chico: ¿Cuándo vuelve a casa?

Chica: Esta tarde. Luego le digo que te llame.

Chico: Vale.

Voz de la narradora: ¿Qué se ha roto el hermano de la chica?

Tarea 2, p. 146

Pista 61

Mensaje 0

Ana. Soy Blanca. Hoy no puedo ir a clase, no sé qué me pasa. Dile al profesor que tengo mucha fiebre, tos y dolor de cabeza. Creo que tengo gripe. Mi madre dice que lo mejor es que me quede en casa. Mañana voy al médico. Luego te llamo y me dices qué deberes tenemos que hacer.

Mensaje 1

Carlos, dice mi hermano que han abierto un gimnasio en el barrio. Es tan grande como el de tu primo. Tiene muchos aparatos y una piscina olímpica. Hacen descuento a estudiantes. ¿Nos apuntamos? Llámame y dime algo, porque la semana que viene empieza el mes.

Mensaje 2

Estimados clientes. Hoy, en nuestra sección de droguería, tenemos varias ofertas para usted. Si compra un champú para cabello rubio, le regalamos otro igual. Además, por la compra de dos unidades de pasta de dientes Dentifres, le regalamos un cepillo de viaje. No lo dude y pase ya por nuestra sección. Las mejores ofertas para usted.

Mensaje 3

Hoy, nuestro restaurante vegetariano Al natural le propone un menú especial para los amantes de las cosas naturales: un primer plato a base de verdura de temporada y un segundo compuesto por lasaña de verduras al horno. De postre, le proponemos tarta de zanahoria con frutos secos. Un menú para gente sana por solo 15 €. Bebida no incluida.

Mensaje 4

Come bien. La comida provee los nutrientes necesarios para el crecimiento. La nutrición apropiada es especialmente importante durante la adolescencia. Hay que comer de todo, con moderación. Haz ejercicio. Es esencial para el bienestar físico y la salud general. Duerme bien. El sueño es vital para una buena salud emocional, física y mental.

Mensaje 5

Como sabes, el invierno se caracteriza por ser la temporada en la que hay más gripes y resfriados, por eso, durante estos meses la naturaleza nos ofrece alimentos ricos en vitamina C que ayudan a aumentar nuestras defensas. Para saber más, compra ya nuestro libro *Alimentos de temporada* y conocerás todo sobre la alimentación sana.

Mensaje 6

Para cepillarse correctamente los dientes, hay que hacer movimientos cortos y suaves, prestando especial atención a los dientes de difícil acceso. Primero hay que limpiar la parte externa de los dientes superiores y, luego, las de los dientes inferiores. Luego, la parte interna y finalmente las superficies de masticación. También hay que cepillarse la lengua.

Tarea 3, p. 146
Pista 62

Enrique: ¡Andrea! ¿De dónde vienes? Estás muy roja, ¿estás bien?

Andrea: Sí, es que vengo del gimnasio. Hoy el profesor se ha pasado un poco. La clase ha sido superfuerte. No nos ha dejado parar ni un momento.

Enrique: No sabía que te gustaba tanto hacer deporte ni que ibas al gimnasio.

Andrea: Sí, me apunté el mes pasado. La verdad es que desde pequeña he hecho deporte: montar en bici, esquiar, nadar. El judo era mi deporte favorito, pero después de mi lesión en el brazo lo tuve que dejar.

Enrique: ¿Y a qué clase te has apuntado?

Andrea: Mi prima Sara me ha aconsejado las clases de bici. Sabe que me gusta mucho. Y estoy encantada.

Enrique: Pues para mí, por mi problema de espalda, lo mejor es hacer algo de musculación, pero suave. Así que voy a una escuela especial dos veces por semana.

Andrea: ¿Vas solo?

Enrique: No, voy con Roberto, un amigo del barrio. Su hermano es monitor en esa escuela.

Andrea: ¡Qué suerte! Seguro que tenéis un precio especial.

Enrique: Roberto sí, pero yo no. Yo pago igual que todos.

Andrea: Oye, ¿qué te parece si quedamos un día los cuatro? Si os gusta jugar al pádel o al bádminton, podemos alquilar una pista y jugar un rato.

Enrique: ¡Qué buena idea! Además, creo que en el polideportivo que hay cerca del instituto se pueden reservar por Internet, ¿no? Bueno, hablo con Roberto y tú con tu prima. A ver si el viernes podemos jugar.

Andrea: Genial. Y ahora me voy, que me espera mi madre. Hasta luego.

Tarea 4, p. 147
Pista 63
Primera noticia

A la hora de pensar en que un adolescente realice algún tipo de deporte o ejercicio físico hay que ver cuál es el más adecuado a su edad y conviene tener en cuenta las siguientes recomendaciones:

Hasta los 7 años el niño tiene que jugar. No es recomendable especializarse en un deporte demasiado pronto. Las competiciones se desaconsejan hasta los 13 años. Es muy importante hacer un seguimiento médico del joven, especialmente si compite. La realización de un deporte individual debería acompañarse de otro colectivo, pues este último enriquece y mejora a la persona, aprendiendo valores como el compañerismo, el compartir, el trabajo en grupo, etcétera. Es conveniente evitar tanto la sobrecarga muscular como el sedentarismo. Hay que tener en cuenta los gustos y las preferencias del adolescente.

Son pocas las contraindicaciones que impiden al adolescente la práctica de deporte, sin embargo, hay que tener en cuenta que factores como la diabetes descontrolada, una insuficiencia cardíaca o respiratoria o la hipertensión arterial grave son factores considerados de riesgo.

Pista 64
Segunda noticia

Según un Estudio nacional sobre nutrición y actividad física de los jóvenes, estos deberían tomar menos bebidas azucaradas, ya que son la mayor fuente de azúcar añadida en la alimentación. Su consumo aumenta la ingesta de calorías y puede contribuir a la obesidad. ¿Qué hacer ante esta situación? Reducir el consumo de bebidas gaseosas y deportivas y aumentar el consumo de agua y de leche y beber cantidades limitadas de zumos de frutas 100 % naturales.

Por otro lado, se calcula que un 30 % de los adolescentes se salta el desayuno. Lo cierto es que no hay que descuidar ninguna comida, pero especialmente el desayuno, pues es la comida más importante del día, sobre todo en el caso de los adolescentes, ya que en esta etapa el organismo tiene mucho desgaste energético. ¿Por qué es tan importante el desayuno? Porque han pasado muchas horas desde la última comida y el organismo necesita reponer combustible para tener energía. Pero es que, además, hay un día entero por delante y, cuanto mejor se prepare uno para él, más posibilidades hay de que ese día sea fructífero.

Pista 65
Tercera noticia
Una correcta higiene durante la adolescencia es fundamental. No solo por razones estéticas, sino para mantener una buena salud. Pero no siempre es fácil. Los adolescentes a veces se olvidan de la ducha y no siempre se acuerdan de cepillarse los dientes. ¿Por qué hay que cuidar la higiene?

Los motivos son varios:

Por salud física. La suciedad o una mala limpieza provocan un aumento de los gérmenes, lo que puede llevar a la aparición de enfermedades.

Por salud mental. Cuando uno está limpio y libre de olores desagradables, se siente más seguro de sí mismo y eso, sobre todo durante la adolescencia, es muy importante para las relaciones sociales.

Por estética. La imagen personal es importante y una buena higiene es imprescindible para mantenerla.

¿Por qué es especialmente importante la higiene durante la adolescencia? Porque el organismo de los adolescentes está en plena transformación. En su cuerpo comienzan nuevos procesos hormonales. Y esos procesos provocan mayor sudoración y la aparición de nuevos olores, no siempre agradables.

EXAMEN 6 Viajes, naturaleza y medioambiente

Tarea 1, p. 172
Pista 66
Conversación 0
Chico: ¡Hola, Marta! ¿Qué tal el viaje?
Chica: Bastante bien, a pesar de los problemas.
Chico: Sí, me acuerdo de lo del pasaporte de tu hermana.
Chica: Sí, lo tenía caducado, pero lo renovó sin problema, ahora se hace en el mismo día.
Chico: Entonces, ¿qué más os pasó?
Chica: Pues que nos perdieron el equipaje. Además, como el hotel estaba en la playa, no había tiendas cerca. Afortunadamente una de las recepcionistas nos llevó en su coche al pueblo para comprar lo básico.
Chico: ¡Qué amable!
Voz de la narradora: ¿Con qué tuvo problemas la chica en su viaje?

Pista 67
Conversación 1
Chico: Papá, ¿sabes que a Arturo le han comprado un perro?
Padre: ¿Sí? Creía que a su madre no le gustaban los animales.
Chico: Pero le prometió que, si aprobaba el curso, le compraría uno. Es un caniche muy pequeñito. ¡Me encantaría tener uno!
Padre: Ya, pero sabes que a mí no me gusta tener animales en casa. Dan mucho trabajo: hay que sacarlos a pasear...
Chico: ¿Y un gato? Los gatos no dan mucho trabajo...
Padre: Sí, pero tu madre es alérgica. Mira, si quieres, podemos comprar una tortuga.
Chico: ¡Venga, vale!
Voz de la narradora: ¿Qué animal puede tener el chico?

Pista 68

Conversación 2

Chica: ¿Qué hora es?

Chico: Pues... Las cuatro y media.

Chica: ¡Uy! ¡Qué tarde! Me voy corriendo a casa.

Chico: ¿Por qué tienes tanta prisa?

Chica: Porque estoy viendo una serie de documentales muy interesantes.

Chico: ¿Ah, sí? ¿De qué tratan?

Chica: De la naturaleza. El de ayer hablaba de la formación de las montañas y el de hoy trata de los desiertos más secos del mundo.

Chico: ¡Ah! ¿Y no hay ninguno sobre el fondo del mar? ¡Son los que más me gustan!

Chica: Ese fue el lunes. Fue precioso.

Voz de la narradora: ¿Sobre qué es el programa de hoy?

Pista 69

Conversación 3

Chica: ¿Tienes ya preparadas todas las cosas para la excursión?

Chico: Sí, ya he preparado la mochila. Creo que no me he olvidado de nada: el bañador, la gorra, he cogido unas gafas de buceo...

Chica: ¿Y la crema solar?

Chico: Sí, la tengo. Mi madre me compró una ayer.

Chica: ¿Y la toalla?

Chico: ¡Uf! ¡Menos mal que me lo has recordado! ¡Se me había olvidado completamente!

Chica: Pues yo lo tengo también todo preparado. Además, he previsto una sombrilla.

Chico: ¡Qué buena idea!

Voz de la narradora: ¿A dónde van a ir de excursión?

Pista 70

Conversación 4

Chica: Este fin de semana me voy con mi familia al pueblo.

Chico: ¿Dónde está?

Chica: En Gredos. Es muy bonito. La casa de mi abuela tiene unas vistas de la montaña preciosas y, además, hay un río cerca, y podremos bañarnos.

Chico: ¿Bañaros? ¿No va a llover?

Chica: No creo, han dicho en la televisión que va a hacer sol y temperaturas altas...

Chico: Ya, pero el fin de semana pasado dijeron lo mismo y luego hubo una niebla increíble.

Chica: Pues espero que esta vez no se equivoquen...

Voz de la narradora: ¿Qué tiempo hizo el pasado fin de semana?

Pista 71

Conversación 5

Chica: ¿Qué tal llevas el trabajo de Ciencias Naturales?

Chico: ¿El de la ecología? Todavía no lo he empezado. Pensaba empezar la próxima semana. Y tú, ¿cómo lo llevas?

Chica: Pues yo ya he terminado lo de las consecuencias de la contaminación, del cambio climático y de las energías alternativas... Solo me falta redactar el párrafo sobre la importancia del reciclaje. Creo que este viernes lo tendré terminado.

Chico: ¡Vaya! Has avanzado mucho. ¿Y para cuándo es?

Chica: Pues el profesor todavía no ha dicho nada...

Chico: Pues vamos a preguntarle esta tarde...

Chica: ¡Buena idea!

Voz de la narradora: ¿Cuándo hay que entregar el trabajo de Ciencias Naturales?

Conversación 6

Chica: ¿Has oído lo del viaje de fin de curso?

Chico: No, ¿qué ha pasado?

Chica: Pues que la tutora de 1.º B dijo que ella no tenía edad de dormir en el suelo y que no quería ir a un *camping*.

Chico: ¿Y entonces?

Chica: Pues parece que intentaron hacer reservas en una pensión bastante barata, pero no había plazas suficientes. ¡Somos cuarenta entre estudiantes y profesores! Luego preguntaron en un hotel de tres estrellas, pero muchos padres dijeron que era demasiado caro... Total, que vamos al *camping*.

Chico: Pues yo lo prefiero.

Chica: ¡Y yo también!

Voz de la narradora: ¿Dónde van a alojarse finalmente?

Pista 73

Conversación 7

Chico: Ayer fui al nuevo zoo.

Chica: ¿Y qué te pareció?

Chico: ¡Genial! Es mucho más bonito que el antiguo. ¿Tú has estado?

Chica: Sí, fui hace dos semanas. Me encantó ver los monos. Y el espectáculo de delfines, pero lo que más me gustaron fueron los pingüinos. ¡Es mi animal favorito!

Chico: ¡Bah! Eso lo ves en cualquier zoo del mundo.

Chica: Entonces, ¿qué te gustó a ti? Déjame adivinar: las arañas y los escorpiones...

Chico: Sí, eso me gustó mucho. Pero lo que más me gustó fue la parte de las serpientes... ¡y los cocodrilos, claro!

Chica: ¡Qué asco!

Voz de la narradora: ¿Qué animales le interesaron más al chico?

Tarea 2, p. 174

Pista 74

Mensaje 0

Susana, soy Cristina. Te llamo para que me des el número del hotel donde estuvisteis el año pasado. Les comenté a mis padres lo que me dijiste y les enseñé tus fotos de Facebook y les ha encantado. Dicen que, si los precios son los mismos, vamos este año. Mándame un mensaje, por favor. Un besito.

Mensaje 1

La vida secreta de los animales, la famosa serie de documentales que ha hecho disfrutar a toda la familia, ahora en tu plataforma preferida. Una serie que muestra aspectos nunca vistos de los animales, tanto domésticos como salvajes. Podrás disfrutar de la serie, compuesta de dos temporadas de 10 episodios a partir del próximo mes.

Mensaje 2

Hola, papá. ¿Por qué no contestas al teléfono? Mamá tampoco me contesta... Se me olvidó deciros que en el colegio están organizando un viaje a Canarias de fin de curso. Hoy es el último día para inscribirse. No es muy caro, solo son 200 euros y yo tengo ahorrados 150... Por favor, ¿puedo apuntarme? Todos mis amigos van. Contéstame en cuanto puedas.

Mensaje 3

Estimados clientes: En supermercados Floriano siempre hemos estado comprometidos con la ecología y el medioambiente. Por eso hoy, coincidiendo con la celebración del Día de la Tierra y para ahorrar energía, vamos a apagar el 50 % de nuestras luces exteriores y el 25 % de las del interior del supermercado. Los supermercados Floriano cuidan la naturaleza.

Mensaje 4

¡Diana, por fin me voy de excursión a las Lagunas de Ruidera! Al final he convencido a mi padre y me ha dado permiso. ¡Estoy supercontenta! Lo malo es que, como mañana es fiesta y nos vamos pasado mañana, no me da tiempo a comprar nada y necesito una mochila. ¿Me dejas la tuya roja, la que llevaste a Navacerrada? Llámame luego. Gracias.

Mensaje 5

Las autoridades de Tráfico han lanzado una alerta por tormenta en la zona noroeste del país. Aconsejan a los conductores disminuir la velocidad, no realizar maniobras bruscas y aumentar la distancia para frenar. Asimismo, recuerdan la obligatoriedad de llevar las luces de cruce encendidas en caso de lluvia intensa.

Mensaje 6

Hola, Miguel. Te llamo para decirte que no voy a ir esta tarde al cine con vosotros. No sé si te conté que me he apuntado a un club de senderismo y han organizado este fin de semana una marcha a la montaña. Necesito unas buenas botas y voy a ir a comprarlas esta tarde. ¡Que lo paséis bien!

Tarea 3, P. 174
Pista 75

Teresa: ¡Hola, Ricardo! ¿Qué tal las vacaciones?

Ricardo: Bueno... Como mi madre tenía trabajo, no hemos salido de Alicante. Pero han venido mis primos de Albacete y nos lo hemos pasado genial. Hemos ido todos los días a la playa, hemos visto muchas películas... Y tú, ¿qué tal?

Teresa: ¡Genial! Las mejores vacaciones de mi vida. He ido a Lanzarote y me ha encantado.

Ricardo: ¿Has ido con tus padres?

Teresa: ¡Qué va! Ellos también tenían trabajo, pero mi tía me invitó a ir con ellos. Nos hemos alojado en un hotel estupendo, en Playa Blanca. ¡Y la comida!

Ricardo: Yo de las Canarias solo conozco Tenerife. ¿Cómo es Lanzarote?

Teresa: Pues muy diferente de Tenerife. Ya sabes, es una isla volcánica, muy desértica, muy seca... Pero tiene unos paisajes preciosos.

Ricardo: ¿Y has hecho buceo?

Teresa: ¡Qué dices! Me da pánico.

Ricardo: Pues a mí me encanta. El verano pasado, cuando estuvimos en Egipto, vi un tiburón bastante cerca...

Teresa: ¡Qué horror! A propósito, ¿viste el programa de ayer sobre el mar Rojo?

Ricardo: Claro, estuvo genial.

Teresa: ¿Sí? Yo me lo perdí, porque mi padre estaba viendo un partido.

Ricardo: Cambiando de tema, mi perra acaba de tener perritos. ¿Te interesaría uno? ¡Son preciosos!

Teresa: Bueno... No creo que a mi gatita le guste mucho compartir la casa con un perro...

Ricardo: Si se acostumbran desde pequeños, pueden convivir perfectamente.

Teresa: Oye, me tengo que ir, que tengo que acabar el trabajo de Biología.

Ricardo: ¿Sí? Yo lo tengo listo desde la semana pasada.

Teresa: ¡Qué suerte!

Tarea 4, p. 175
Pista 76
Primera noticia

Un importante grupo de científicos e investigadores ha realizado un estudio sobre cómo los niños se ven beneficiados en la formación de su personalidad si conviven con animales desde pequeños. El estudio se basa en dos puntos: observar la interacción real entre el niño y la mascota, y entrevistar a los niños sobre sus actitudes y creencias dentro del entorno familiar. Los resultados son sorprendentes, pues demuestran que la interacción con animales domésticos cambia por completo el desarrollo de la persona. Alguien que ha vivido con un perro, por ejemplo, toda su vida, es socialmente más empático y más cordial dentro de una comunidad. En cambio, es probable que una persona que tuvo un perro más tarde en su vida no desarrolle conductas tan sociales. Dentro de los beneficios que tienen las mascotas en la formación de los niños se puede resaltar: hacerlos responsables y autónomos, ya que desde niños tienen que aprender a cuidar de un ser vivo, eventualmente se hacen responsables también de sí mismos.

Pista 77
Segunda noticia

Los institutos andaluces Juan de Villar de Jaén y Ciudad Jardín de Málaga han sido los ganadores del premio de la tercera edición del concurso «Más bio, más vida» que da la Federación Estatal de Municipios y Provincias. Este premio, de carácter nacional, reconoce la labor que realizan en las ciudades para proteger y conservar la naturaleza. El proyecto del instituto de Jaén se titula «Bosquépolis, el juego de la biodiversidad en los parques naturales de Andalucía». Consiste en un juego al estilo del Monopoly con temática medioambiental y con nuevas reglas adaptadas a los espacios naturales andaluces y a las especies de animales y plantas que los habitan. Por su parte, el centro de Málaga ha desarrollado una campaña de concienciación ecológica dirigida a los habitantes de la ciudad. La Federación ha señalado que este premio busca «promocionar las iniciativas de las escuelas en defensa de la diversidad biológica, a través de la perspectiva crítica e imaginativa de los alumnos».

Pista 78
Tercera noticia
Medio centenar de participantes que tomaron parte en la primera Ruta Quetzal, celebrada en 1993, se han reunido para conmemorar aquella expedición. Los expedicionarios proceden principalmente de diferentes lugares de España, aunque también vienen de México, República Dominicana o Bélgica. Se han encontrado en Vitoria-Gasteiz, desde donde han recorrido diversos puntos del país vasco.

Organizada por el aventurero Miguel de la Quadra Salcedo, aquella primera expedición contó con la participación de 450 jóvenes de todo el mundo que recorrieron una ruta, siguiendo los pasos de Hernán Cortes, a través de México, Guatemala u Honduras, entre otros países de la zona.

Aunque la expedición educativa había comenzado años antes, en 1993 se celebró la primera expedición denominada como tal, Ruta Quetzal, que se ha seguido celebrando hasta ahora.

Los participantes en el encuentro, que tenían entonces entre 15 y 16 años, han afirmado que los vínculos tan profundos que se crearon durante aquella aventura han hecho posible que las amistades se hayan mantenido hasta ahora.

EXAMEN 7 Ciudades, transporte y nuevas tecnologías

Tarea 1, p. 202
Pista 79
Conversación 0
Chico: ¿Conoces a alguien que arregle ordenadores?
Chica: No. Mi hermano es quien me instala los programas y esas cosas.
Chico: Es que tengo un problema con la pantalla. Empezó a ponerse oscura y ahora ya no se ve nada.
Chica: Pues vas a necesitarlo para el trabajo de Historia.
Chico: Mi padre me dejará el suyo, pero es muy lento. Además, no funciona bien el teclado y a veces no escribe algunas letras.
Chica: ¡Vaya! A propósito, yo tengo que comprarme un ratón.
Chico: Pues cómprate uno sin cables.
Voz de la narradora: ¿Qué problema tiene el ordenador del chico?

Pista 80
Conversación 1
Chica: ¿Sabes que nos hemos mudado?
Chico: Pero si vuestra casa era muy bonita.
Chica: Sí, y muy céntrica, pero el edificio era muy antiguo y tenía muchos problemas.
Chico: ¿Y adónde os habéis ido?
Chica: A un barrio nuevo en las afueras.
Chico: ¡Ah! ¿Un chalé con jardín y piscina?
Chica: Mi padre quería, pero mi madre dijo que eso da mucho trabajo, así que estamos en un barrio muy moderno, con bloques muy altos. ¡Nuestro apartamento está en la planta 15!
Chico: ¡Guau! ¿Y no te da vértigo?
Chica: Al principio, un poco.
Voz de la narradora: ¿Cuál es el barrio de la chica?

Pista 81
Conversación 2
Chica: ¡Hola! Perdona por llegar tan tarde. Es que me ha costado muchísimo llegar.

Chico: ¿Sí? ¿Por qué? ¿No has venido en metro como te expliqué?

Chica: Es que la boca de metro está muy lejos de mi casa, así que decidí ir en autobús, pero estuve en la parada veinte minutos.

Chico: ¡Qué mala suerte!

Chica: Ya ves, hasta pensé en parar un taxi, pero es tan caro...

Chico: ¡Desde luego! ¿Y qué hiciste al final?

Chica: Pues nada, anduve hasta la boca del metro...

Voz de la narradora: ¿Qué transporte ha usado la chica?

Pista 82

Conversación 3

Chico: Hola, Clara, ¿interrumpo?

Chica: ¡No! ¡Pasa, pasa!

Chico: ¿Qué estás haciendo?

Chica: Estoy escribiendo una tarjeta de felicitación a mi novio.

Chico: ¡Una felicitación! Creía que ya nadie mandaba tarjetas. No es nada práctico, tardan mucho y, además, cuestan dinero. ¿No prefieres mandarle un correo o un mensaje?

Chica: Bueno, si es para algo urgente, sí que es mejor, pero como es por su cumpleaños, me parece mucho más especial y más romántico. ¿No crees?

Chico: Pues, la verdad, nunca lo había pensado.

Voz de la narradora: ¿Qué está escribiendo la chica?

Pista 83

Conversación 4

Chico: ¿Te he enseñado alguna vez fotos de mi pueblo?

Chica: No, nunca.

Chico: Pues mira, aquí tengo algunas en el móvil.

Chica: ¿A ver? ¡Qué bonito! ¿Eso es un castillo?

Chico: Sí, y esta es la iglesia. Y estas son casas antiguas.

Chica: ¡Qué suerte! Mi ciudad no es tan bonita. Es moderna y muy industrial.

Chico: ¿Es grande?

Chica: No mucho. Y la mitad son fábricas y polígonos industriales.

Chico: Habrá mucha contaminación.

Chica: ¡Desde luego!

Voz de la narradora: ¿Cuál es el pueblo del chico?

Pista 84

Conversación 5

Chica: Este domingo nos vamos al zoo. ¿Te apuntas?

Chica2: ¡Jo! Me encantaría, pero este fin de semana no me dejan salir.

Chica: ¿Y eso? ¿Qué has hecho?

Chica2: Le pedí el ordenador a mi madre para hacer un trabajo y ella me lo dejó, y parece que entró un virus. El caso es que no funciona, y es el que usa para trabajar.

Chica: ¡Un virus! ¿En qué página entraste?

Chica2: Intenté descargarme una aplicación para editar vídeos.

Chica: ¡Pero eso es ilegal!

Chica2: Ya, pero todo el mundo lo hace.

Voz de la narradora: ¿Por qué está enfadada la madre de la chica?

Pista 85

Conversación 6

Chica: ¿Has oído la noticia? ¡Van a quitarnos diez días de vacaciones en verano!

Chico: ¿Qué? ¡No me digas!

Chica: Pues lo sabe todo el mundo. Marina ha colgado el enlace de la noticia en Facebook. ¿No lo has visto?

Chico: Es que hoy no he entrado en Facebook.

Chica: De cualquier modo, yo ya lo sabía, porque mi padre siempre escucha en el coche la emisora Todainformación por la mañana cuando nos lleva al instituto.

Chico: ¡Pues vaya noticia!

Voz de la narradora: ¿Cómo ha sabido la noticia la chica?

Pista 86

Conversación 7

Chica: Entonces, ¿cómo quedamos para el domingo?

Chico: Pues ahora mismo no sé. Depende de lo que diga mi madre. Te llamo al móvil esta noche.

Chica: No, escríbeme un correo. Es que me robaron el otro día el móvil en el metro.

Chico: ¡Vaya! Pues dame tu dirección de correo electrónico.

Chica: Olaola2000@...

Chico: ¿Con hache o sin hache?

Chica: Bueno, mira, estoy pensando que te llamo yo con el móvil de mi hermana.

Chico: Sí, va a ser más fácil.

Voz de la narradora: ¿Cómo se van a poner en contacto?

Tarea 2, p. 204

Pista 87

Mensaje 0

Juan, resulta que vienen mis primos a pasar una semana con nosotros y mis padres quieren que les enseñe la ciudad. ¿Te animas a venir? Son muy simpáticos, ya verás. A mí se me ha ocurrido llevarlos a ver la catedral, la plaza Mayor, el castillo, por supuesto... ¿Se te ocurre a ti algún otro sitio interesante? Llámame.

Mensaje 1

Porque no es lo mismo ver que conocer, ni pasear que descubrir, te invitamos a recorrer las calles de nuestra ciudad de la mano de un guía oficial de turismo de Cataluña. Si te apetece conocer la ciudad, su arte, su historia y sus detalles más ocultos… Si quieres descubrir una Barcelona distinta, contacta con nosotros en nuestra página web.

Mensaje 2

Marisa, soy Sonia. Oye, te llamo para decirte que acabo de recibir tu correo. El problema es que no puedo abrir el documento que me has mandado. Estará hecho con un programa que yo no tengo. ¿Me lo puedes volver a mandar en otro formato? ¡Gracias!

Mensaje 3

Ofertas PC, líder en informática de ocasión. Solo en nuestras tiendas de informática podrás comprar ordenadores, monitores, pantallas baratas, y otros productos de informática de segunda mano con dos años de garantía. ¡Garantizado! ¡Si no quedas satisfecho, te devolvemos el dinero!

Mensaje 4

Rosa, ¿por qué nunca contestas al móvil? Bueno, solo es para decirte que estoy saliendo ahora para tu casa. He pensado que, como hace tan buen día, voy andando. No me apetece ir en autobús y menos en metro. O sea, que llegaré dentro de veinte o veinticinco minutos. ¡Hasta ahora!

Mensaje 5

Estimados clientes, hoy comienza nuestra semana grande en el departamento de informática: 15 % de descuento en varios modelos de cámaras digitales, regalo de un ratón inalámbrico con la compra de cada ordenador portátil, dos por uno en los cartuchos de tinta para impresora... ¡Y mucho más!

Mensaje 6

Chicos y chicas, no olvidéis esta tarde vuestra cita con *Juventud actual*, el programa dirigido a los jóvenes que cuenta con informes, entrevistas y reportajes. *Juventud actual* aborda temas de actualidad, compromiso social, nuevas tecnologías, cultura, educación, desarrollo social e información que interesa a los jóvenes y a los que miran al mundo con ojos jóvenes. *Juventud actual*, todos los viernes de ocho a nueve de la noche en Radio de Hoy.

Tarea 3, p. 204

Pista 88

Violeta: Ernesto, ¿tú conoces un centro comercial que se llama La Gavia? Fui una vez, pero me llevaron en coche y no me acuerdo.

Ernesto: Claro que lo conozco, yo voy muchas veces. Está por el sur.

Violeta: ¿Se puede llegar en transporte público?

Ernesto: Bueno, mejor en coche. ¿Para qué quieres ir allí?

Violeta: Porque tengo un primo que vive cerca y me ha dicho que hay una oferta de ordenadores muy buena.

Ernesto: ¿Necesitas un ordenador? Pero si te acabas de comprar uno...

Violeta: No es para mí, es para mi hermano pequeño. ¡Estoy harta de que use el mío! Mi madre ha dicho que le quiere comprar uno, pero que ella no tiene tiempo, que vaya yo a ver si encuentro alguno interesante y que le diga los precios.

Ernesto: Pues yo también necesito comprar uno: el mío es muy antiguo y va muy lento. Se bloquea muchas veces.

Violeta: ¿Pues por qué no vamos juntos?

Ernesto: Bueno, pero ya te digo que es mejor ir en coche... Se lo puedo decir a mi hermana mayor. Ella siempre está encantada de ir de compras.

Violeta: ¡Genial! ¿Cuándo quedamos?

Ernesto: Pues no sé... Primero tengo que hablar con ella. Mira, cuando sepa algo, te aviso.

Violeta: Vale, pues me mandas un mensaje o nos llamamos por whatsApp. Aunque no sé si podré conectar bien, porque mi móvil funciona fatal.

Ernesto: Pues si te parece, cuando vayamos al centro comercial vemos las ofertas de *smartphones*. Puedes pedir uno para tu próximo cumpleaños.

Violeta: ¡Puf! Faltan diez meses...

Ernesto: Pues el mío es mañana...

Violeta: ¿De verdad? ¡No lo sabía!

Tarea 4, p. 205
Pista 89
Primera noticia

Antes rojas y ahora turquesa, ya circulan por la ciudad las modernas bicicletas eléctricas del servicio Bizi de Zaragoza, que cuenta con 108 estaciones y 1080 vehículos repartidos por distintos puntos de la ciudad. Este servicio cuenta con más de 7000 usuarios que, gracias a una promoción, han pagado la mitad, es decir, 30 euros por 12 meses. También hay abonos mensuales, de día o viajes individuales. Una de las novedades de este servicio es que, después de instalarte su aplicación, las bicicletas se pueden desbloquear mediante un código QR. Además, la misma app indica dónde están las estaciones, si hay bicis libres, e incluso permite crear una ruta para ir de un sitio a otro de manera más cómoda y eficiente. Otro dato importante es que, al ser eléctricas, es más fácil y cómodo para el usuario recorrer la ciudad, pero para quien prefiera circular sin esta ayuda, también puede usar la bici de manera tradicional.

Pista 90
Segunda noticia

La ciudad española de Huesca ha decidido unirse al proyecto «La ciudad de los niños y las niñas», creado por el pedagogo e investigador italiano Francesco Tonucci. Este investigador estudia los aspectos psicológicos de la experiencia escolar, la relación de los chicos con los mayores y el lugar que se les da en la ciudad que habitan. Observando que los niños experimentan una gran soledad, el investigador propuso a principios de los años noventa del siglo pasado la creación de «La ciudad de los niños», un proyecto que anima a los alcaldes del mundo a escuchar a los chicos, creando consejos de niños. Los integrantes de estos consejos son elegidos por sus compañeros y proponen iniciativas para transformar la ciudad, reuniéndose con las autoridades de forma periódica y realizando un trabajo imaginativo y original. Muchas ciudades del mundo integran la *Red de las ciudades de los niños* y piensan juntas cómo luchar contra el profundo malestar de la vida urbana, y la ausencia de espacios de juego y convivencia.

Pista 91
Tercera noticia

Investigadores británicos han puesto en marcha el estudio más amplio del mundo para conocer los efectos del teléfono móvil en el cerebro de los niños. La investigación, que tendrá un coste de un millón de libras, examinará si la memoria y la atención se ven afectadas por la radiación de los aparatos. Las conclusiones del estudio, en el que participarán 2 500 niños británicos de 11 y 12 años, será una guía para los padres sobre los niveles seguros de uso. En Reino Unido, un 70 % de los chavales de 11 y 12 años tienen móvil, porcentaje que asciende al 90 % en el caso de los de 14 años. Se cree que los niños podrían ser más vulnerables a cualquier daño porque su sistema nervioso se está desarrollando y sus cráneos son más delgados. El equipo de investigadores afirma que las radiaciones son más bajas con los teléfonos más modernos y varía según el modelo.

CARACTERÍSTICAS Y CONSEJOS

Tarea 1, p. 218
Pista 92
Conversación 1
Chico: ¿Por qué no viniste ayer?
Chica: Es que fui al médico.
Chico: ¿Por el dolor de espalda del otro día?
Chica: No era en la espalda, era en el cuello. Y no fue nada, se me pasó enseguida.
Chico: ¿Entonces? ¿Qué te pasó?
Chica: Pues que empezó a dolerme el estómago de una manera terrible. Al principio mi madre no me hizo caso, pensaba que eran los nervios por los exámenes...
Chico: ¡Vaya!
Chica: Ya ves... Pero al final se preocupó y me llevó a urgencias. Me hicieron pruebas y mañana sabremos los resultados.
Voz de la narradora: ¿Qué le dolía ayer a la chica?

Pista 93
Conversación 2
Chica: Papá, el miércoles hay una reunión de padres y tutores.
Padre: ¿A qué hora?
Chica: Por la tarde, a las seis.
Padre: ¡Vaya! A esa hora no puedo.
Chica: Pues es muy importante. Van a informar del viaje de fin de curso y van a pasar un papel para firmarlo.
Padre: Bueno, seguro que habrá una solución. Llamaré mañana al instituto a ver si me pueden mandar la información por correo electrónico. ¿A qué hora puedo hablar con el tutor?
Chica: Pues creo que la mejor hora es durante el recreo, a las once.
Padre: Vale.
Voz de la narradora: ¿Cómo va a comunicarse el padre con el tutor?

Pista 94
Conversación 3
Chico: ¿Qué tal el fin de semana?
Chica: Bien. Fui a ver *Guerra galáctica* en 3D. ¡Está genial!
Chico: ¡Qué suerte! Tengo muchas ganas de verla. Yo no he parado de estudiar para los exámenes. Me quedan todavía tres.
Chica: Yo terminé la semana pasada. ¿Y has estado desde el viernes metido en casa?
Chico: ¡Sí! Y el único momento que paré de estudiar fue para ver el partido Madrid-Barcelona.
Chica: ¿Lo echaron por la tele?
Chico: Sí, en el canal 9.
Voz de la narradora: ¿Dónde ha estado el chico el fin de semana?

Pista 95
Conversación 4
Chica: ¡Hola! ¿Qué estás haciendo?
Chico: Pues ya ves, jugando a un nuevo videojuego. Es de una página de Internet que ofrece videojuegos gratuitos. ¿Quieres jugar?

Chica: ¿Es de esos de guerra?

Chico: No... ¡Qué va! No es nada violento. Es muy divertido.

Chica: La verdad es que a mí los videojuegos no me gustan mucho.

Chico: ¿Por qué? Hay algunos que son muy interesantes.

Chica: Ya, pero al final acabas dedicándoles demasiado tiempo. No lees, no estudias... ¡Mi hermano por ejemplo se pasa la vida jugando!

Chico: Bueno, eso es demasiado, pero de vez en cuando se puede jugar un poco.

Voz de la narradora: ¿Por qué no le gustan los videojuegos a la chica?

Tarea 2, p. 220
Pista 96
Mensaje 1

Violeta, soy Ana. El otro día te dejaste en mi casa el libro de Historia. Parece que cuando llegó mi hermana puso encima sus libros y por eso no lo hemos visto hasta hoy. Si quieres, como mañana voy a clase de inglés y la academia está cerca de tu casa, te lo llevo. Iré después de clase, como a las cinco o cinco y cuarto. ¡Hasta mañana!

Mensaje 2

Las fans de Pablo Alborán están contentas: ya están asegurados los primeros siete conciertos de su próxima gira. Unos conciertos que le llevarán por toda España para poder satisfacer a su público. Por ahora, las fechas son provisionales. ¡Pero tranquilas: pronto las conoceremos con seguridad! Encuentra la información sobre el precio de las entradas en nuestra página web.

Mensaje 3

Aviso a los visitantes de Fauna y Flora. El espectáculo de delfines va a comenzar dentro de diez minutos en la zona del acuario. Un espectáculo original en el que humanos y delfines combinan sus acrobacias. Una exhibición única que emocionará a niños y mayores. Les recordamos que el delfinario no está incluido en el precio de la entrada al parque.

Tarea 3, p. 221
Pista 97

Pablo: Antes de que se me olvide: el sábado por la noche vamos a salir. ¿Te apuntas?

Isabel: ¿El sábado? Imposible, tengo que cuidar de mi hermano pequeño. Es que es el aniversario de mis padres y quieren salir a celebrarlo.

Pablo: Vaya. ¡Qué pena! Vamos a ir todo el grupo: Juan, Lorena, Marcos... Y se lo vamos a decir también a Miriam y a su hermana. ¡Y creo que también vienen Roberto y Elisa!

Isabel: ¡Qué pena! ¡Van a estar todos! ¿Y qué planes tenéis?

Pablo: Pues pensábamos ir a una pizzería nueva, El gusto italiano. La acaban de abrir. Yo preferiría cualquier otro sitio. Ya sabes que la *pizza* no es mi plato favorito...

Isabel: ¡Qué raro eres! Si es algo que le gusta a todo el mundo. ¡A mí me encanta!

Pablo: Ya ves. Oye, cambiando de tema, ¿has acabado el libro que te presté?

Isabel: ¡Noooo! ¡Si es larguísimo!

Pablo: Pues yo me lo leí en cuatro días...

Isabel: Tú eres muy rápido. Yo necesito mi tiempo para leer.

Pablo: ¡Puf! A mí cuando me gusta un libro no lo dejo hasta que termino. Y ese me pareció superinteresante. Hasta el final no entiendes qué está pasando.

Isabel: Sí, por ahora me está gustando mucho.

Pablo: ¿Has llegado ya al capítulo en que la chica descubre el diario de su abuela?

Isabel: ¡No! Y no me cuentes nada, que me lo estropeas.

Tarea 4, p. 221
Pista 98
Primera noticia

Antena 3 acaba de estrenar *Cuéntame un cuento*, la nueva serie de Atresmedia que propone una nueva interpretación para adultos de los tradicionales cuentos clásicos. *Cuéntame un cuento* muestra que la actualidad de estos cuentos se mantiene en el siglo XXI. Para esto, guarda la esencia y simbología de las fábulas, pero incorpora también giros inesperados y originales reinterpretaciones de los clásicos con un tono muy definido: el del *thriller* policíaco. La serie recrea los escenarios de los cuentos y da vida a sus protagonistas, siempre con la compañía de un narrador omnisciente que marca el tono, a veces perverso, de algunas escenas. En *Cuéntame un cuento* la bruja vengativa puede ser una empresaria celosa, el lobo feroz, un novio violento, y la bestia, un actor de éxito desfigurado tras un accidente. Pero, a pesar del cambio que sufren los personajes al traspasarlos a nuestro tiempo, las nuevas versiones demuestran que el ser humano sigue sintiendo las mismas emociones y que, por tanto, el fondo de los cuentos clásicos sigue siendo actual.

RESPUESTAS EXPLICADAS

Examen 1
Personas y celebraciones

LÉXICO p. 10 y 11

1. a-3; b-2; c-5; d-6; e-1; f-4.

2. Hola. Me llamo Andrea y esta es mi familia. Mi <u>abuela</u> se llama Julia, y es la <u>madre</u> de mi <u>padre</u>, que se llama Andrés. Mi <u>madre</u> se llama Ana. Lucas y Marcos son mis <u>hermanos</u>. Lucas tiene 14 años y Marcos, 12. El señor con barba gris es mi <u>abuelo</u>. Se llama Manuel. Es muy simpático y lo quiero mucho. Paula y Javier son mis <u>tíos</u>. Mi <u>tía</u> Paula es la <u>hermana</u> de mi padre y está casada con Javier. Tienen dos <u>hijos</u>, mi <u>primo</u> Víctor y mi <u>prima</u> Victoria. Me gusta mucho pasar el verano con ellos en el pueblo. Mi padre tiene un <u>hermano</u>, mi <u>tío</u> José, que está soltero.

3.

b. Julia es madre de Andrés, Paula y José; mujer de Manuel; abuela de Andrea, Lucas, Marcos, Víctor y Victoria.

c. Andrés es padre de Andrea, Lucas y Marcos; marido de Ana; hijo de Julia y Manuel; hermano de Paula y José; y tío de Víctor y Victoria.

d. Ana es madre de Andrea, Lucas y Marcos; mujer de Andrés; y tía de Víctor y Victoria.

e. Víctor es nieto de Julia y Manuel; hijo de Paula y Javier, hermano de Victoria; sobrino de Andrés, Ana y José; primo de Marcos, Lucas y Andrea.

f. Paula es hija de Julia y Manuel; hermana de Andrés y José; madre de Víctor y Victoria; tía de Andrea, Lucas y Marcos; y mujer de Javier.

4.

Edad aproximada	La persona es un/una
De 0 a 1 (año/s)	bebé
De 1 a 12	niño/a
De 13 a 18	adolescente
De 19 a 39	joven
De 40 a 65	persona de mediana edad
De 66 a 99 (años)	persona mayor

5.

Tener	Ser	Llevar
(el pelo) castaño, rubio, moreno, pelirrojo corto ≠ largo liso ≠ rizado	alto ≠ bajo calvo delgado ≠ gordo feo ≠ guapo joven ≠ viejo	barba bigote gafas
(los ojos) verdes, marrones, azules	moreno, pelirro-jo, rubio	

6.

cualidades positivas	cualidades negativas	cualidades positivas	cualidades negativas
<u>simpático/a</u>	antipático/a	<u>tranquilo/a</u>	nervioso/a
amable/agradable	<u>desagradable</u>	<u>divertido/a</u>	aburrido/a
trabajador/-a	<u>vago/a</u>	<u>generoso/a</u>	<u>egoísta</u>
<u>optimista</u>	pesimista	sincero/a	<u>hipócrita</u>
paciente	<u>impaciente</u>	tolerante	<u>intolerante</u>
<u>seguro/a</u>	<u>inseguro/a</u>	serio/a	informal
<u>alegre</u>	triste	inteligente	ignorante
<u>puntual</u>	impuntual	<u>callado/a</u>	<u>hablador/-a</u>
<u>sociable</u>	<u>tímido/a</u>	<u>listo/a</u>	tonto/a
extrovertido/a	reservado/a	<u>responsable</u>	irresponsable

7. Respuesta libre.

P. 12 y 13

8. Es una persona tímida.

9. Respuesta libre.

10. (de arriba abajo y de izquierda a derecha)

tranquila	nerviosa	preocupada
asustada	enfadada	contenta
cansada	triste	enamorada

11. Mi amiga Paula tenía un examen ayer y no había estudiado mucho, por eso estaba un poco <u>nerviosa</u>, aunque ella normalmente es una chica muy <u>tranquila</u>. Pero ayer estaba <u>preocupada/asustada</u> porque tenía miedo de no aprobar el examen. También estaba <u>cansada</u>, porque había estado estudiando hasta las 2 de la mañana y había dormido muy poco. Ella es muy <u>responsable</u> y <u>trabajadora</u>, pero últimamente… Ha empezado a salir con Juan y está muy <u>enamorada</u>. Solo piensa en él y no estudia tanto como antes. Afortunadamente, el examen no fue muy difícil y lo hizo bastante bien, así que ahora está <u>tranquila/contenta</u>.

12. Hola. Hoy quiero explicar cómo es mi familia. <u>Mi familia no es muy grande</u>. Vivo con mis padres y mis dos hermanos. El hombre que está al lado de mi hermano Javier es mi padre. Es muy alto, amable, simpático y muy optimista. No tiene gafas, pero tiene barba y bigote y el pelo pelirrojo. Se llama Erik y tiene 43 años. Detrás de él está mi abuelo. Se llama Hans y es alemán. <u>Me encanta mi abuelo porque es inteligente</u>, trabajador y muy divertido. Tiene el pelo blanco y lleva gafas. Tiene 70 años y está un poco gordo. Su mujer, Elisa, <u>no es muy alta</u>. Tiene el pelo corto, gris, y lleva gafas. Ella es muy tranquila, pero a veces se enfada con mis hermanos y conmigo <u>porque no comemos toda la comida</u>. Al lado de mi abuelo está mi madre. Es una mujer delgada, igual que mis hermanos, y <u>tiene el pelo moreno, largo y ondulado</u>. Es muy trabajadora y alegre. Mi hermana <u>Clara tiene el pelo muy largo</u> y es muy inteligente y divertida. <u>Es más alta que Javier</u>, nuestro hermano pequeño. <u>Javier tiene el pelo castaño y corto</u> y es muy tímido, por eso no habla mucho. <u>Todos tenemos los ojos marrones</u>, excepto mi padre y mi abuelo, que los tienen azules.

   a. La familia de Alberto no es muy grande. Vive con sus padres y sus dos hermanos.

   b. Tiene el pelo blanco y lleva gafas. Tiene 70 años y está un poco gordo. Le gusta porque es inteligente, trabajador y muy divertido.

   c. Se enfada con él y sus hermanos porque no se comen toda la comida.

   d. Es delgada y tiene el pelo moreno, largo y ondulado.

   e. Su hermana Clara es más alta que su hermano Javier. Es muy inteligente y divertida y su hermano es muy tímido.

   f. Cinco personas tienen los ojos marrones.

13. Respuesta libre.

P. 14 y 15

14. a. asegurar: afianzar

   b. favorecen: ayudan a

   c. carácter: personalidad

   d. desarrollo: crecimiento

   e. entendidos: comprendidos

   f. independientes: autónomos

   g. ideales/principios: valores

   h. tienen buena relación: se llevan bien

   i. periodo: etapa

   j. son conscientes: se dan cuenta

   k. unidos: identificados

   l. descubrir: encontrar

15. (de arriba abajo y de izquierda a derecha)

Semana Santa	boda	cumpleaños	fin de año
aniversario	carnaval	nacimiento de un bebé	Día de Muertos
		graduación	Navidad

16.

a. 24 de diciembre Nochebuena	b. 25 de diciembre Navidad	c. 31 de diciembre Nochevieja
d. 1 de enero Año Nuevo	e. 5 de enero Noche de Reyes	f. 6 de enero Día de Reyes

17. 3   2   1   6   5   4

GRAMÁTICA

P. 16 y 17

1. Hoy quiero hablaros sobre algunos de mis compañeros de clase y explicaros cómo son. María es mi mejor amiga, pero es muy <u>impuntual</u>, todos los días llega tarde a clase. También es bastante <u>irresponsable</u>: ha perdido los apuntes tres veces este mes.

Antonio es un poco egoísta, nunca piensa en los demás. En cambio, su hermana es muy generosa. El otro día me prestó dinero para comprar un bocadillo y, cuando se lo devolví, me dijo que no era necesario.

Nuestro profesor de Biología está muy contento con Alicia, porque es muy trabajadora. Siempre hace todos los trabajos que nos mandan, pero yo pienso que a veces es demasiado seria, solo piensa en estudiar y nunca sale con nosotros ni va a fiestas.

No me gusta nada Luis. Antes creía que era mi amigo, pero ahora pienso que es un hipócrita. Cuando está conmigo, es muy simpático/agradable, pero cuando leo lo que publica en las redes...

Andrea es muy divertida, siempre nos hace reír, pero es demasiado habladora. En clase, habla con todos los que se sientan cerca de ella. En muchas ocasiones, los profesores tienen que decirle algo, especialmente cuando ellos están explicando la lección y ella no para de charlar.

Mario es mi mejor amigo, pero últimamente está muy serio/callado/triste. No se ríe y habla muy poco. No sé qué le pasa. Quizá está preocupado/nervioso por los exámenes, porque no ha estudiado mucho. Hay más compañeros, claro. Otro día hablaré de ellos y de los profes.

2.

a. Para describir el carácter y el físico de las personas usamos el verbo ser.

b. Para hablar del estado de ánimo o de características físicas temporales usamos el verbo estar.

3.

   a. –Hola, Alberto, ¡qué moreno estás!
   –Es que he estado en la playa, pero la verdad es que yo soy bastante moreno en general.

   b. –¡Qué antipático está hoy el profesor de gimnasia!
   –¡Qué raro! Normalmente es muy agradable.

   c. –¿Has visto? Andrea está muy guapa con el nuevo corte de pelo.
   –Pues yo pienso que estaba mejor antes, con el pelo largo.

   d. –Juan está muy preocupado por los exámenes.
   –¡No puede ser, si es muy listo! Siempre saca buenas notas.
   –Sí, pero también es muy inseguro…

   e. –El año pasado, mis padres estaban enfadados con mi hermano, porque el profesor les dijo que, aunque era muy listo, no trabajaba nada.
   –Es que era muy vago. Pero este año ha cambiado.

4.

Sirven para hablar del carácter y van siempre con *ser*	Sirven para hablar del estado de ánimo y van siempre con *estar*	Sirven para hablar del carácter y del estado de ánimo. Pueden ir con *ser* y con *estar*
generoso/a paciente puntual optimista extrovertido/a hipócrita	contento/a preocupado/a enfadado/a estresado/a	nervioso/a alegre tranquilo/a triste

5.

a. Cuando una persona no está hablando, está callada.

b. Cuando una persona tiene un carácter reservado, es callada.

c. Cuando una persona siente aburrimiento en este momento, está aburrida.

d. Cuando una persona no es divertida y causa aburrimiento en los demás, es aburrida.

6.

   1. Creo que los jóvenes son más optimistas que los mayores, quizá porque no tienen tantas responsabilidades como ellos, y por eso piensan menos que ellos en el futuro. Por otro lado, los jóvenes no se preocupan tanto como los adultos y están menos estresados, porque tienen menos problemas que ellos. Marina

   2. Muchas personas piensan que la vida de los jóvenes es más fácil que la de los mayores. Yo no estoy de acuerdo. Es verdad que los jóvenes, normalmente, tenemos menos obligaciones que los adultos, pero creo que trabajamos tanto como ellos: los estudios son muy duros y necesitan mucho esfuerzo. Antonio

   3. Pienso que muchos adultos son más conservadores que los jóvenes de mi edad. También son más intolerantes, porque no tienen un espíritu tan abierto como nosotros. Además, los jóvenes tenemos más capacidad de adaptación que nuestros padres. Aurora

   a. Antonio   b. Aurora   c. Marina

7.

La comparación	
Estructura	Ejemplo
Comparación de cualidades (adjetivos y adverbios)	
Superioridad: *más* + adjetivo + *que*	Los jóvenes son más optimistas que los mayores.
Inferioridad: *menos* + adjetivo + *que*	Los jóvenes están menos estresados que los adultos.
Igualdad *tan* (invariable) + adjetivo + *como*	Los mayores no tienen un espíritu tan abierto como los jóvenes.
Comparación de cantidad de objetos (sustantivos)	
Superioridad: *más* + sustantivo + *que*	Los jóvenes tienen más capacidad de adaptación que sus padres.
Inferioridad: *menos* + sustantivo + *que*	Los jóvenes tienen menos problemas que los mayores.
Igualdad *tanto/a/os/as* + sustantivo + *como* (concordancia con el sustantivo)	Los jóvenes no tienen tantas responsabilidades como los adultos.
Comparación de frecuencia o de intensidad sobre las acciones (verbos)	
Superioridad: verbo + *más que*	Los jóvenes son más optimistas que los mayores.
Inferioridad: verbo + *menos que*	Los jóvenes piensan menos que los adultos en el futuro.
Igualdad verbo + *tanto (invariable) como*	Los jóvenes trabajan tanto como los mayores.

8. Respuesta libre.

9. Leo: Hola, Mar, ¿qué haces aquí?

Mar: Hola, Leo. Estoy esperando a Hugo, un amigo <u>mío</u>. Vamos a <u>mi</u> casa para hacer el trabajo de Biología. Hoy <u>mis</u> padres no están. Solo está <u>mi</u> hermana Andrea.

Leo: ¿Hugo y tú vivís cerca?

Mar: Sí. <u>Nuestras</u> casas están muy cerca, pero no podemos estudiar en <u>su</u> casa. Han venido <u>sus</u> abuelos y están jugando con <u>sus</u> hermanos pequeños. ¿Sabes? Hugo es muy simpático. Nos conocemos desde que éramos muy pequeños. <u>Mi</u> madre es amiga de la <u>suya</u> y <u>nuestros</u> hermanos mayores van a la misma clase. ¿Tú a dónde vas?

Leo: Voy a patinar con Sandra y <u>sus</u> hermanas. Esta mañana he hecho el último examen. Ahora solo tengo que esperar los resultados.

10. Hoy he empezado <u>mi</u> último curso en el instituto y estoy muy contento. <u>Mi</u> instituto está muy cerca de <u>nuestra</u> casa, por eso voy en patinete. Sí, sí, tengo un patinete eléctrico y <u>mi</u> hermana tiene otro, pero esta semana <u>el mío</u> está estropeado, y como no tengo bicicleta, ella me ha dejado <u>el suyo</u>, que es más nuevo y rápido que <u>el mío</u>. Ella va a ir en bicicleta, porque ella sí tiene <u>la suya</u>.

<u>Mis</u> hermanos y yo (también tengo un hermano) vivimos con <u>nuestros</u> padres en un piso bastante grande. <u>Nuestro</u> piso tiene cuatro habitaciones. <u>La mía</u> es muy grande y tiene una terraza.

<u>Nuestros</u> padres trabajan en el centro de la ciudad y utilizan el coche. En mi familia tenemos dos coches, pero mi padre prefiere usar <u>el suyo</u>. Cada mañana, antes de llegar a <u>su</u> trabajo, deja a <u>mi</u> hermano pequeño en <u>su</u> colegio y a <u>mi</u> madre en el centro de salud donde trabaja.

A la vuelta, después de hacer los trabajos para clase, salgo a patinar con <u>mis</u> amigos del barrio. Hacer *skate* es <u>nuestro</u> pasatiempo favorito. ¿Cuál es <u>el tuyo</u>?

11.

a. ¿<u>Dónde</u> conociste a tu mejor amigo o amiga? 1

b. ¿En <u>qué</u> te fijas cuando conoces a alguien nuevo? ¿En su estilo vistiendo? ¿En su modo de hablar?... 6

c. ¿<u>Qué</u> es para ti un amigo o una amiga? 6

d. ¿<u>Cómo</u> tiene que ser un amigo o amiga? 5

e. ¿<u>Qué</u> cualidades son más importantes en un amigo o amiga? 7

f. ¿<u>Cuál</u> es el defecto que odias en un amigo o amiga? 7

g. ¿<u>Quiénes</u> son más importantes para ti, tus amigos o tus padres y hermanos? 3

h. ¿<u>Cuándo</u> sientes que eres tú mismo, con tu familia o con tus amigos? 2

i. ¿Con <u>quién</u> lo pasas mejor, con tu familia o con tus amigos y amigas? 3

j. ¿A <u>cuáles</u> de tus amigos consideras "íntimos"? 7

k. ¿Desde <u>cuándo</u> conoces a tu mejor amigo o amiga? 2

l. ¿<u>Cuánto</u> tiempo sueles pasar con esta persona? 4

12. Respuesta libre.

Los interrogativos
1. Para preguntar por lugares usamos: dónde
2. Para preguntar por tiempo usamos: cuándo
3. Para preguntar por personas usamos: quién, quiénes
4. Para preguntar por una cantidad usamos: cuánto/a/os/as
5. Para preguntar por el modo usamos: cómo
6. Para preguntar por algo general usamos: qué
7. Para preguntar por una elección usamos: qué + sustantivo o cuál, cuáles + verbo

P. 20

13. Yoli

Hoy <u>ha sido</u> el cumpleaños de mi mejor amiga. La conozco desde que <u>nací</u>, porque sus padres <u>eran</u> amigos de los míos. Siempre <u>hemos vivido</u> en el mismo barrio. En aquella época <u>íbamos</u> juntas al mismo instituto hasta que su padre <u>fue</u> a trabajar a otra ciudad. ¿Y vosotros? ¿Cómo <u>conocisteis</u> a vuestro mejor amigo o amiga?

Juan

Bueno, a mi mejor amigo lo <u>conocí</u> en segundo de primaria. Él <u>se sentaba</u> detrás de mí, me <u>molestaba</u> y me <u>ponía</u> nervioso. Pero un día me <u>senté</u> detrás de él y le <u>hice</u> lo que él me <u>hacía</u> todos los días. Entonces él me <u>pidió</u> perdón y a partir de ahí <u>nos hicimos</u> inseparables. Todavía somos amigos, pero últimamente no nos vemos mucho, porque él <u>se ha ido</u> este año a estudiar a otro instituto.

Yoli. ha sido: usamos el pretérito perfecto compuesto para hablar de acciones terminadas, pero que están dentro del tiempo presente (hoy); nací: cuando hablamos de la vida de una persona, lo normal es utilizar el pretérito perfecto simple; eran: para describir algo o a alguien en el pasado usamos el pretérito imperfecto; hemos vivido: usamos el pretérito perfecto compuesto cuando nos referimos a situaciones que empiezan en el pasado, pero que siguen en el presente (siempre). Íbamos: para describir una acción habitual en el pasado usamos el pretérito imperfecto; fue: cuando queremos hablar de una acción que interrumpe (hasta que fue a trabajar) otra acción también pasada (íbamos), usamos el pretérito perfecto simple; conocisteis: usamos pretérito perfecto simple para hablar de una situación puntual que tiene lugar en el pasado.

Juan. conocí: cuando nos referimos a una situación puntual en el pasado, usamos pretérito perfecto simple; se sentaba, me molestaba, me ponía: para describir una acción que se repite en el pasado, usamos el pretérito imperfecto; me senté: cuando indicamos que una acción (me senté) sucede una sola vez en el pasado (un día), usamos el pretérito perfecto simple; hice: aquí nos referimos a una acción puntual acabada en el pasado; hacía: usamos el pretérito imperfecto aquí para referirnos a una acción que se repite en el pasado (todos los días); pidió: para expresar una acción puntual terminada en el pasado, usamos pretérito perfecto simple; nos hicimos: este pretérito perfecto simple expresa una acción puntual en el pasado; se ha ido: para hablar de una acción terminada que está dentro de un tiempo no terminado (este año), usamos el pretérito perfecto compuesto.

14. Corrección de errores

a. La profesora <u>está</u> muy enfadada. Sus estudiantes no trabajan <u>bien</u>. Usamos *estar* con adjetivos de carácter para indicar el estado de ánimo de una persona, en este caso *enfadada*; detrás de un verbo siempre se pone *bien*. Aquí se refiere al trabajo de los estudiantes.

b. Mi abuela es <u>mucho más</u> simpática <u>que</u> mi abuelo. Para comparar usamos *más... que*; en las estructuras comparativas, cuando queremos dar intensidad, usamos *mucho*.

c. No nos <u>gusta</u> lo que dices. <u>Estás</u> un poco antipático hoy. El verbo *gustar* debe ir en singular, *gusta*, porque se refiere a *lo que dices* (eso), que está en singular. *Antipático* se usa con *estar* en esta frase porque se trata de hoy: un momento puntual. Normalmente, se usa el verbo *ser* (característica de una persona). *Eres un poco antipático.* Se entiende que siempre lo es. Para emplear *ser*, no puede estar la palabra *hoy*.

d. A <u>mis</u> compañeros no <u>les</u> gustan las Matemáticas. *Mis* tiene que ir en plural, porque se refiere a los compañeros; *les*, igual que antes, se refiere a *compañeros* (a ellos), así que lo correcto es *les gustan*.

e. ¡<u>Buen</u> fin de semana! Nos vemos <u>el</u> lunes. La expresión correcta es *buen fin de semana*. Cuando el adjetivo *bueno* va delante de un nombre masculino singular, pierde la -o (buen); *el*: Para hablar de los días de la semana, decimos *el lunes, el martes…*

f. <u>Nuestro</u> profesor de Historia es muy <u>serio</u>. No tolera que hablemos en clase. El posesivo masculino de 1.ª persona del plural es *nuestro* (profesor); *serioso* no existe. El adjetivo correcto es *serio*.

g. Antonio es tan inteligente <u>como</u> Alberto, pero estudia menos <u>que</u> él. La estructura de los comparativos de igualdad es *tan... como*; La estructura de los comparativos de inferioridad es *menos... que. Menos de* se usa para comparar cantidades.

h. ¿Qué te han parecido <u>los</u> problemas del examen? A mí el <u>primero</u> me ha parecido muy difícil. La palabra *problema*, como muchas palabras que terminan en -ma, es masculina, así que debe llevar un artículo masculino. En este caso, como está en plural, lo correcto es *los*. El numeral *primero* pierde la -o cuando va delante de un sustantivo masculino singular, pero en este caso no va con un sustantivo, por eso lo correcto es *primero*.

i. El nuevo profesor de Inglés me encanta, es <u>muy</u> simpático. *Me encanta* es el máximo y es equivalente a *me gusta mucho*, por eso es incorrecto decir *me encanta mucho*. Cuando *demasiado* va con un adjetivo significa *excesivamente, más de lo necesario* y no tiene sentido en esta frase. Por el contexto, lo lógico es utilizar *muy*.

j. Diego es muy <u>pesimista</u>, siempre piensa que <u>va a suspender</u>. El adjetivo *pesimista* no cambia. Es el mismo para el masculino y para el femenino. Cuando nos referimos a una acción futura, usamos *ir a*.

15. Uso de preposiciones

a. ¿Conoces <u>a</u> nuestra tutora? Se llama Keila y es <u>de</u> Buenos Aires. El verbo *conocer*, cuando se refiere a persona, va con la preposición *a* (conocer a alguien). Para hablar del origen o de la procedencia necesitamos la preposición *de*.

b. ¡Bienvenidos <u>a</u> mi fiesta! Las bebidas están <u>en</u> la mesa. Cuando recibimos a una persona y usamos la expresión *bienvenidos* + lugar, necesitamos la preposición *a*. Para hablar de la ubicación de una persona o cosa, usamos *estar* + *en*.

c. El sábado <u>por</u> la tarde celebramos el cumpleaños <u>de</u> mi abuela. Para indicar las partes del día, podemos usar *por* y *en* (*por/en* la mañana). En Hispanoamérica es frecuente el uso de *en*. Uno de los usos de la preposición *de* es indicar posesión o pertenencia. En este caso el cumpleaños (es) de la abuela.

d. Está muy enamorado <u>de</u> ella, así que se casan <u>en</u> primavera. El verbo *enamorarse* va acompañado de la preposición *de*. Uno de los usos de la preposición *en* es situar una acción en un tiempo concreto, en este caso, *primavera*.

e. Prefiere estudiar <u>en</u> la biblioteca, porque hay menos ruido. Para indicar lugar usamos *en*.

f. Necesito comprar un regalo <u>para</u> mi mejor amiga. Uno de los usos de *para* es indicar el destinatario (la persona que recibe algo, en este caso el regalo).

g. Vamos <u>al</u> instituto todos los días, <u>de</u> lunes <u>a</u> viernes. La preposición *a* con verbos de movimiento (ir) indica la dirección o el destino (el instituto). Aquí aparece *al* porque la preposición *a* se contrae con el artículo *el*: *al*. Para indicar el tiempo o periodo de tiempo que dura algo, usamos *de... a*.

h. Siempre voy al instituto <u>en</u> bici, pero mi hermano va <u>a</u> pie. Con los medios de transporte usamos *ir en*, excepto si vamos caminando, entonces decimos que *vamos a pie*.

i. El próximo verano vamos a ir <u>a</u> Málaga <u>para</u> pasar las vacaciones. La preposición *a* con verbos de movimiento (ir) indica la dirección o el destino (Málaga). Uno de los usos de *para* es indicar finalidad, en este caso pasar las vacaciones.

j. Creo que Lucía está enfadada <u>con</u> Antonio <u>desde</u> el curso pasado. El verbo *enfadarse* lleva la preposición *con* cuando se habla de una persona (enfadarse con alguien). *Desde* se usa para indicar el origen de una acción. En este caso, es un origen temporal (el curso pasado).

1-a. –El sábado es la fiesta de graduación. ¿<u>Con</u> quién vas a ir?
–Iré con mis padres. Y tú, ¿<u>a</u> quién vas a invitar?

2-b. –¡Hola, chicos! Os presento <u>a mi prima</u>. Es nueva en el instituto.
–¡Hola! ¿Qué <u>tal</u>? Bienvenida.

3-a. –Buenos días. Me gustaría presentaros a Laura, es la nueva <u>tutora</u> de Lengua.
–Hola a todos. <u>Encantada</u>.

4-c. –Hola, Carlos. Hace mucho que no te veo. ¿Cómo <u>estás</u>?
–Pues estoy <u>bastante</u> contento. He aprobado todo.
–¡Qué bien! Vas a tener un <u>buen</u> verano, entonces.

5-b. –¿Qué te <u>pasa</u>? ¿Estás bien?
–No sé. Últimamente <u>estoy</u> un poco deprimido.

6-a. –Tu abuela <u>me cae</u> genial, parece <u>muy</u> amable.
–Sí. Además, hace unas tartas superbuenas. La quiero <u>muchísimo</u>.

7-a. –¿<u>Te</u> <u>pasa</u> algo? Te veo un poco despistado.
–Eh… creo que estoy enamorado <u>de</u> una amiga de mi hermano.

8-c. –¿Os <u>apetece</u> venir el sábado a mi fiesta de cumpleaños?
–No podemos. Tenemos que terminar el trabajo de fin de curso.
–Vaya. Pues mucha <u>suerte</u> con el trabajo.
–Gracias. Que os divirtáis <u>en</u> la fiesta y que cumplas muchos más.

1-a. Cuando hablamos de personas es frecuente usar *con*. En este caso preguntamos por la compañía y por eso la respuesta es *con mis* padres. El verbo *invitar* va acompañado de la preposición *a* (invitar a alguien a hacer algo). Las otras opciones no tienen sentido aquí.
2-b. El verbo *presentar*, cuando se usa para personas, necesita la preposición *a* (Sebastián, opción a, y *mi pareja*, opción c, no llevan esta preposición, por lo cual no serían correctas). Para responder a un saludo, una de las expresiones más habituales es ¿*qué tal?*
3-a. La opción b no es correcta, porque se está hablando de Laura y ella no es una asignatura; además, la expresión *con encanto* no se utiliza para saludar. La opción c tampoco es correcta, porque *bienvenida* no se usa para responder a un saludo, sino para saludar a alguien dándole la bienvenida.
4-c. La opción a no es posible, porque *mucho* va con nombres o con verbos, pero no con adjetivos (contento); las opciones a y b no son correctas, porque el adjetivo masculino *bueno* pierde la -*o* cuando va delante de un sustantivo (verano). Lo correcto es *buen verano*.
5-b. Para preguntar por el estado de ánimo usamos ¿*qué te pasa?* Y para hablar sobre el estado de ánimo usamos el verbo *estar*. Por lo tanto, las opciones a y c no son correctas.
6-a. Cuando queremos decir que nos gusta una persona, usamos el verbo *caer* seguido de un adjetivo o un adverbio (genial, fenomenal, bien, mal, etc.). Este verbo funciona como *gustar,* por lo tanto, necesita *me* (a mí), ya que es la persona que habla la que expresa su gusto. *Muy* va con adjetivos y adverbios e indica intensidad (*mucho* va con verbos). El superlativo de *mucho* es *muchísimo*. Las opciones b y c no son correctas.
7-a. Para preguntar por el estado de ánimo usamos ¿*te pasa algo? Pasado* no puede ser, porque el pretérito perfecto necesitaría el verbo *haber*: ¿*te ha pasado algo?* El verbo *enamorarse* va con la preposición *de* (enamorarse de alguien o de algo). Por lo tanto, las opciones b y c no son correctas.

Pedir y dar información sobre personas
¿De quién es/son…?
¿Para quién…?
<u>¿Con quién vas a ir?</u>
<u>¿A quién vas a invitar?</u>

Presentar y responder a una presentación
Ven que te presente. (Mira), este es…
Encantado de conocerte.
Mucho gusto.
<u>Os presento a…</u>
<u>Hola, ¿qué tal?</u>
<u>Bienvenida.</u>
<u>Encantado/a.</u>
<u>Me gustaría presentaros a Laura.</u>

Preguntar por el estado de ánimo
¿Qué tal estás? ¿Todo bien?
<u>¿Cómo estás?</u>
<u>¿Qué te pasa?</u>
<u>¿Estás bien?</u>
<u>¿Te pasa algo?</u>

Expresar sentimientos
¡Estupendo!
Estoy de (muy) buen humor.
<u>¡Qué bien!</u>
<u>Estoy bastante contento.</u>
<u>Estoy un poco deprimido.</u>
<u>Me cae genial.</u>
<u>Estoy enamorado (de)...</u>

Ofrecer e invitar
Te invito a mi fiesta…
¿Quieres un helado?
<u>¿Os apetece venir el sábado a mi fiesta de cumpleaños?</u>

Felicitar y hablar de buenos deseos
Buen trabajo. Bien hecho.
Que (te) vaya (todo) bien.
<u>Mucha suerte con el trabajo.</u>
<u>Que os divirtáis en la fiesta.</u>
<u>Que cumplas muchos más.</u>

8-c. Una de las expresiones que se usan para proponer algo es *¿os apetece…?* Para expresar buenos deseos (en este caso suerte), se usa la expresión *mucha suerte*. El verbo *invitar* (opciones a y b) no es posible, porque necesita la preposición *a* (invitar a alguien a hacer algo). Para hablar de un lugar (la fiesta) usamos la preposición *en*; *con* se usa para hablar de objetos para hacer algo o para indicar compañía. Por lo tanto, las opciones a y b no son correctas.

Prueba 1.   Comprensión de lectura
Tarea 1, p. 22

La opción correcta es **0-C**. Melina dice que le encanta ver las plantas crecer y que le gustaría trabajar en algo *así*, y en el texto se habla de *agricultura*, que es el cultivo de las plantas.

La opción correcta es **1-E**. Diego dice que le gustaría trabajar en algo relacionado con animales y el texto se refiere a la profesión de veterinario, que tiene que ver con el cuidado de animales. Asimismo, en el texto aparece la palabra *mascotas* (animales de compañía) y *fauna*, que también se refiere a animales.

La opción correcta es **2-H**. Luis afirma que quiere trabajar en algo relacionado con la *medicina* y en el texto H se habla de la *salud* y se mencionan profesiones como *fisioterapeuta, enfermero, dentista*. La J no es correcta porque Luis dice que no quiere estudiar Medicina porque le parece una carrera muy larga y difícil.

La opción correcta es **3-F**. Pedro afirma que su punto fuerte son los *idiomas* y el texto habla de *traductores*, que es una profesión relacionada con los idiomas. La opción A no es correcta porque, aunque también se necesitan idiomas, Pedro dice que le *gustaría trabajar en casa*, lo cual no se puede hacer como *guía turístico*.

La opción correcta es **4-D**. Laura afirma que es muy *comprensiva* y que da *buenos consejos* a sus amigos. Afirma que quiere trabajar *ayudando a los demás*. La profesión que más se ajusta es la de psicólogo.

La opción correcta es **5-B**. Irene dice que es *muy buena con los ordenadores* y que siempre tiene que *explicar a su familia cómo hacer las cosas* y el texto afirma que serán necesarios los *maestros digitales* para *enseñar a las personas más mayores a actuar en un mundo digital*. La opción G no es correcta porque, aunque habla de *Internet*, el trabajo de comerciante electrónico está más relacionado con la venta que con la informática.

La opción correcta es **6-I**. Ana afirma que lo que más le gusta es *estudiar Ciencias* y que le gustaría trabajar en la *investigación*. En el texto se habla de *científicos dedicados a desarrollar la biotecnología, la nanotecnología, la robótica, y las impresiones 3D*.

Tarea 2, p. 24

La opción correcta es **7-C**. Toñi dice: *(…), mi abuela paterna (…) no me parecía muy simpática. (…) Pero al hacerme mayor me he dado cuenta de que (…) era una mujer extraordinaria*. Primero hace el retrato de su abuela preferida, luego de su otra abuela, explicando por qué prefería la primera. Al decir: *Pero al hacerme mayor me he dado cuenta… Y ahora me pongo contenta cuando me dicen que tengo sus ojos y su boca*, vemos que ha cambiado de opinión.

La opción correcta es **8-B**. Chema dice que su profesor le hizo *perder la ilusión y que acabé creyéndome que era verdad, que no valía para esto*. La influencia de este profesor es negativa hasta tal punto que decidió abandonar su idea de estudiar Ingeniería.

La opción correcta es **9-A**. Nuria dice: *yo era una persona muy reservada y muy tímida. (…) Renata me enseñó a aceptarme y ahora soy mucho más abierta y extrovertida*.

La opción correcta es **10-C**. Toñi afirma que tiene *los ojos y la boca* de su abuela. *(…) cuando me dicen que tengo sus ojos y su boca*.

La opción correcta es **11-A**. Nuria dice que conoció a Renata cuando tenía *9 años*, o sea, que estaban en primaria cuando se conocieron.

La opción correcta es **12-A**. Nuria dice, hablando de Renata: *hace mucho tiempo que no la veo*.

Tarea 3, p. 25

La opción correcta es **13-B**. En el texto se afirma que *imitan solo lo que les interesa de ellos*. Es decir, *solo en algunos aspectos*. La opción A no es correcta, porque en ningún momento dice el texto que no se interesen por la realidad. La opción C tampoco es correcta porque lo que afirma el texto es que en la adolescencia se empieza *a tomar conciencia de la identidad propia*, no que se pierda.

La opción correcta es **14-A**. El texto dice que *con medida pueden ser una buena herramienta para ayudar a la persona a desarrollarse*, es decir, *puede ayudar a desarrollar la personalidad*. La opción B no es correcta porque lo que afirma el texto es que tener ídolos será algo positivo o negativo dependiendo de la actitud del joven hacia ellos. La opción C tampoco es correcta porque lo que dice el texto es que a veces, al tener un ídolo, el joven busca autoafirmarse y aumentar su autoestima, pero no dice en ningún momento que no la tenga.

La opción correcta es **15-B**. En el texto se dice que *muchos adolescentes (...) tienen como referentes a personas muy cercanas a ellos*, es decir, *personas de su alrededor*. La opción A no es correcta porque aunque el texto dice que *siempre se piensa en ídolos más bien inalcanzables*, inmediatamente dice que sin embargo, muchos adolescentes tienen como ídolos a personas de su entorno. La opción C tampoco es correcta porque, al contrario, el texto afirma que muchas veces los adolescentes tienen como ídolos a padres, hermanos, profesores, amigos..., es decir, a personas reales.

La opción correcta es **16-C**. En el texto se afirma que *los defectos se idealizan o no se mencionan*, es decir, *ocultan los defectos de los ídolos*. La opción A no es correcta porque lo que dice el texto es que hay que enseñar a los niños a ser críticos y realistas, precisamente porque los medios de comunicación no lo son. La opción B tampoco es correcta por la misma razón. Según el texto: *el ídolo nace de la exhibición de sus virtudes*, es decir, muestran la parte positiva y *los defectos se idealizan o no se mencionan*, es decir, esconden la parte negativa de los ídolos.

La opción correcta es **17-A**. El texto dice que estos comportamientos *no solo se dan en jóvenes*. La opción B no es correcta porque lo que dice es que los padres deben ayudar mediante *un pequeño análisis*, para no caer en *la exageración y el fanatismo* del que se habla en el párrafo anterior. La opción C tampoco es correcta porque lo que dice es que los padres deben adaptar su análisis *al grado de madurez* de sus hijos, no que los adolescentes olvidan a sus ídolos cuando maduran.

La opción correcta es **18-B**. En el texto se dice que *muchos son los que ponen todo su esfuerzo en ser famosos, queridos por los demás y se olvidan de algo más importante. (...) ¿Son buenas personas? ¿Qué valoran, la fama y la popularidad o el superarse como persona?* o sea, que es más importante ser una buena persona que ser popular. La opción A no es correcta porque lo que dice el texto es que *muchos ponen todo su esfuerzo en ser famosos*, es decir, populares, pero no que los padres quieran esto para sus hijos. La opción C tampoco es correcta porque lo que dice es que *la exaltación excesiva* de algunos famosos por parte de los jóvenes *es señal de baja autoestima* de estos.

Tarea 4, p. 27

La opción correcta es **19-C**. La palabra tiene que ser un sustantivo masculino singular. Las tres opciones tienen un significado parecido, pero A *primero* y B *primer* no son correctas porque son un pronombre y un adjetivo, respectivamente y en esta frase como acabamos de señalar solo puede ir un sustantivo.

La opción correcta es **20-A**. Aquí necesitamos el pronombre *se*, porque el verbo está en *pasiva refleja* y equivale a *son producidos*. La opción B no es correcta porque *le* es un pronombre de complemento indirecto y tendrían que referirse a una persona anteriormente mencionada en el texto. La opción C tampoco es correcta porque *los* es un pronombre de complemento directo y no puede referirse a *los cambios*, puesto que son el sujeto del verbo.

La opción correcta es **21-B**. La preposición *entre* se usa para expresar una franja comprendida entre dos números, separados por *y*. La opción A no es correcta porque la preposición *de* podría usarse para expresar lo mismo, pero combinada con la preposición *a* y sin artículos (*de 10 a 14 años*). La opción C no es correcta porque la preposición *por* no tiene sentido en esta frase.

La opción correcta es **22-A**. Con los adjetivos se usa el intensificador *muy*. La opción B no es correcta porque el intensificador *mucho* se usa delante de un sustantivo masculino singular o detrás de un verbo, y no es este el caso. La opción C no es correcta porque *tanto* se usa en oraciones comparativas y esta no lo es; además, no se puede usar delante de un adjetivo.

La opción correcta es **23-A**. El verbo *durar* significa prolongarse en el tiempo. Las opciones B y C no son correctas porque los verbos *seguir y llegar* tendrían sentido en esta frase con la preposición *hasta* y una edad concreta (*la pubertad sigue/llega hasta los dieciséis años*).

La opción correcta es **24-B**. En las estructuras comparativas de este tipo se usa *que*. La opción A no es correcta porque *de* se usa en estructuras comparativas, pero siempre seguido de un número. La opción C tampoco es correcta porque la preposición *a* no se puede usar en esta frase.

La opción correcta es **25-C**. Refiriéndose a personas, usamos el verbo *conocer*, mientras que *saber* se refiere a habilidades. Además, es el único de los tres verbos que puede ir seguido de la preposición *a*. La opción A podría ser correcta con el verbo sin el pronombre reflexivo *se* delante y con la preposición *de* detrás (*cada persona ... va sabiendo más de sí misma*). La opción B sería correcta con el verbo sin el pronombre *se* y con la preposición *en* detrás (*cada persona ... va pensando más en sí misma*).

🎧 1 ▸ 🎧 8 ▸ **Tarea 1, p. 28**

La opción correcta es **0-C**. El chico dice que la profesora es *la de pelo corto que lleva un pañuelo de colores en el cuello* y esta descripción corresponde a la fotografía C. La opción A no es correcta porque la mujer de la foto tiene el pelo corto, pero no lleva pañuelo. La opción B tampoco es correcta porque, aunque la chica habla de alguien con gafas y pelo largo, el chico le dice que no es esa la profesora de biología.

La opción correcta es **1-A**. La chica dice *lo haré en una hamburguesería*. La opción B no es correcta porque representa el comedor de una casa y la chica dice que no va a celebrar su cumpleaños en su casa, porque su madre no quiere. La opción C tampoco es correcta porque representa el campo y, aunque la chica quería celebrarlo allí, ha cambiado de planes porque va a llover.

La opción correcta es **2-A**. El chico dice: *voy a estudiar Medicina* y la foto representa a un médico. Las opciones B y C no son correctas porque, aunque dice que en un momento pensó ser futbolista y piloto, luego cambió de idea.

La opción correcta es **3-C**. La chica dice que tiene *los mismos ojos claros y el mismo color de pelo* que su abuela. La foto C es la única que representa a una señora más mayor. La opción A no es correcta porque es el chico el que dice que se parece a su padre. La opción B no es correcta porque la chica simplemente menciona que su madre dice que ella (la chica) se parece a su abuela.

La opción correcta es **4-A**. El chico dice que es *hijo único*, es decir, que no tiene hermanos y la foto representa a una pareja con un solo hijo. Las otras dos fotos representan familias numerosas.

La opción correcta es **5-B**. El chico dice que su amigo está castigado porque *es un vago y por eso ha suspendido tres asignaturas*, es decir, no estudia. Las opciones A y C no son correctas porque en ningún momento se dice que sea maleducado o desobediente.

La opción correcta es **6-B**. La chica dice que si tiene que elegir una amiga, se trata de su prima, es decir, alguien de su familia. Las opciones A y C no son correctas porque aunque menciona a una vecina y a una compañera que son buenas amigas dice que elige a su prima.

La opción correcta es **7-A**. En la audición se dice que mide un metro setenta y tres, que mide más que su padre y que probablemente jugará al baloncesto. La opción B no es correcta porque, aunque dice que pesa 60 kilos, dice que es lo normal para su altura. La opción C tampoco es correcta porque, si su peso es normal en relación con su estatura, no se puede decir que sea delgado.

🎧 9 ▸ **Tarea 2, p. 30**

La opción correcta es **0-F**. En el mensaje dice que están *preparando algo para despedir a Manu*, de lo que se deduce que van a hacer una fiesta de despedida.

La opción correcta es **8-B**. En el anuncio se habla de un *precio especial de lanzamiento*.

La opción correcta es **9-A**. La chica dice que mañana es el Día de la madre y tienen que comprar algo. La opción G no es correcta porque dice que no deben comprar *música*, ya que este ha sido su regalo en los dos años anteriores.

La opción correcta es **10-I**. El anuncio da la dirección de una página web para obtener más información.

La opción correcta es **11-D**. El anuncio afirma que la peluquería abre de martes a domingo, es decir, que no trabajan los lunes.

La opción correcta es **12-H**. En el mensaje la chica dice que se ha cortado el pelo y se lo ha teñido de color morado.

La opción correcta es **13-C**. En el anuncio se dice que deben pintar un dibujo en el que imaginen cómo será su familia.

🎧 10 ▸ **Tarea 3, p. 30**

La opción correcta es **0-C**. Marta dice que Óscar siempre ha sido bueno en Lengua, y no dice nada de que a ella no le guste esta asignatura.

La opción correcta **14-A**. Óscar dice que dentro de unos días tiene un control, o sea, un examen.

La opción correcta es **15-B**. Óscar habla del cumpleaños de una amiga, que ha sido hace poco, y Marta dice que el suyo ha sido dos días antes.

La opción correcta es **16-B**. Marta dice que su hermano *ha ligado*, o sea, que tiene novia.

La opción correcta es **17-A**. Marta dice que el hermano de Óscar es *introvertido*, o sea, tímido.

La opción correcta es **18-A**. Óscar dice que tiene que comprar un cuaderno y bolígrafos, cosas que se compran en la papelería.

La opción correcta es **19-B**. Marta dice que tiene que comprar pan, por lo tanto tiene que ir a la panadería.

Primera noticia: La opción correcta es **20-A**. La noticia dice que *el texto deberá estar basado en tres temas: cómo mejorar la relación con el abuelo o la abuela, lo que nunca le he dicho a mi abuelo o abuela y el valor de los abuelos dentro de la familia.* La opción B no es correcta porque no se dice que deban mandar los trabajos, sino que *los trabajos deberán entregarse en las oficinas del ayuntamiento.* La opción C tampoco es correcta porque no se pide una descripción de la familia en general, sino una reflexión alrededor de la figura de los abuelos.

La opción correcta es **21-A**. En la audición se dice que *los trabajos que deberán entregarse (…) en un sobre cerrado con nombre, edad, dirección y teléfono,* es decir, los datos personales. La opción B no es correcta porque lo que dice es que los padres pueden *apoyar a los niños en la redacción,* pero no escribirla. La opción C tampoco es correcta porque la noticia dice que *deberán entregarse antes del 18 de agosto,* no *después.*

Segunda noticia: La opción correcta es **22-C**. En la noticia se dice que en el estudio se habla de *comunicación a través de redes y aplicaciones.* La opción A no es correcta porque lo que se dice en la audición es que el estudio es sobre adolescencia y juventud, no que lo hayan hecho jóvenes. La opción B tampoco es correcta porque se dice que el estudio ha sido *presentado este miércoles,* no que se va a presentar.

La opción correcta es **23-B**. El texto afirma que los jóvenes piensan que *los beneficios que obtienen compensan los peligros.* La opción A no es correcta porque se dice que los jóvenes *asumen con naturalidad los riesgos,* es decir, que los conocen. La opción C tampoco es correcta porque no se afirma eso en ningún momento.

Tercera noticia: La opción correcta es **24-C**. En la noticia se dice que *los psicólogos alertan del riesgo,* es decir, el peligro. La opción A no es correcta porque en la audición se dice que la moda *viene de hace tiempo,* o sea, no es reciente. La opción B tampoco es correcta porque se dice que la que inició esta moda fue una chica *estadounidense* y la rusa vino más tarde.

La opción correcta es **25-A**. En la audición se dice que *algunas incluso utilizan la cirugía estética,* es decir, se operan. La opción B no es correcta porque, aunque se menciona Internet, no se dice que aprendan ahí a maquillarse. La opción C tampoco es correcta porque dice que las chicas se fotografían imitando a Barbie, pero no que coleccionen fotos de ella.

LÉXICO p. 40 y 41

1.

es	está	da	tiene
bonita - pequeña - exterior - soleada - interior - moderna - nueva - luminosa - vieja - céntrica - grande	en el centro - lejos de - en las afueras - bien/mal comunicada - cerca de	a una calle ruidosa - a una zona comercial - a una calle peatonal - a un jardín - a una plaza	garaje - ascensor - terraza - dos baños - aire acondicionado - calefacción central/individual - jardín

2. Cuando entras, lo primero que hay es un pasillo bastante estrecho. A la mitad, _a la derecha_ está la puerta del salón. Bueno, en realidad es un salón comedor, porque ahí tenemos el sofá y la televisión, pero también tenemos una mesa grande y, _alrededor de_ ella, seis sillas. A la derecha del salón está la cocina y, _al otro lado_, una puerta que da a la terraza. _En la terraza_ tenemos muchas plantas y unos sillones muy cómodos. _A la izquierda de_ la entrada está el dormitorio principal, el de mis padres. _Dentro de_ ese dormitorio hay un cuarto de baño que es solo para ellos y un vestidor. _Al fondo del_ pasillo, _a la izquierda_, está mi habitación. Es bonita y muy luminosa, porque tiene una gran ventana. _Debajo de_ esa

ventana, tengo una mesa donde estudio. _Enfrente de_ la puerta del salón está el dormitorio de mi hermana. _Al fondo del_ pasillo, _al lado de_ mi dormitorio, hay un cuarto de invitados que tiene un sofá cama. ¡Ah! ¡Me olvidaba! _Entre_ el dormitorio de mis padres y el de mi hermana está el cuarto de baño que usamos nosotras. Está más _lejos de_ mi dormitorio que del de mi hermana. ¡Pero yo tengo dos armarios!

3. a-3 y 10; b-1, 4 y 8; c-9; d-2; e-6; f-1; g-10; h-2 y 7; i-5

4. En mi casa intentamos repartir las tareas, aunque es verdad que mis padres hacen más cosas.
Por la mañana, mientras mi padre, mis hermanos y yo _hacemos_ las camas, mi madre _prepara/hace_ el desayuno. A mediodía, como mi padre vuelve más temprano del trabajo, él _prepara/hace_ la comida y, después, mi hermana y yo _lavamos_ los platos y mi hermano _limpia_ la cocina. Por la noche cada día uno _prepara/hace_ la cena. Después de cenar, mi padre _saca_ la basura.
El sábado es el día que dedicamos a la limpieza: yo _paso_ el aspirador. Mi hermana _limpia_ los baños y mi hermano _pone_ la lavadora, tiende la ropa y luego la _plancha_. Mientras, mis padres van al mercado y _hacen_ la compra para toda la semana.

5.

Muebles	Electrodomésticos	Decoración
mesa - silla - cama - sofá - sillón - mesilla de noche - armario - estantería - escritorio	congelador - nevera - lavadora - cafetera - lavaplatos - microondas - televisión -cocina (eléctrica/de gas) - horno	póster - alfombra - espejo - cortinas - cuadro - lámpara - planta

P. 42 y 43

6.

cocina	nevera, congelador, lavadora, cafetera, lavaplatos, microondas, cocina (eléctrica/de gas), horno, armario, mesa, silla
salón	sofá, sillón, televisión, póster, alfombra, cortinas, estantería, cuadro, lámpara, planta
comedor	mesa, silla, cuadro, lámpara
cuarto de baño	ducha, lavabo, espejo, estantería
dormitorio	cama, mesilla de noche, armario, cuadro, lámpara, mesa, silla, estantería, escritorio

7. a. El champiñón b. El tomate c. La cebolla d. La manzana e. La cereza
f. La pera g. El plátano h. La fresa i. El brócoli j. La zanahoria

8.

carnicería	pechuga de pollo, costilla de cordero, hamburguesa, chuleta de cerdo, filete de ternera, carne (de ternera/cerdo/cordero/pollo)
charcutería	embutidos, chorizo, lomo, jamón (serrano/York)
panadería	pan
pastelería	bizcochos, magdalenas, tarta
pescadería	salmón, marisco, sardinas, merluza, gambas, atún
frutería	naranja, kiwi, piña, plátano, manzana, cereza, fresa, pera
verduras	espinacas, guisantes, lechuga, calabacín, patata, ajo, zanahoria, cebolla, tomate, brócoli, champiñón

9. a. mayonesa y mostaza; b. aceite, vinagre y sal; c. garbanzos, judías y lentejas; d. mantequilla, nata, leche, yogur; e. té, café, infusión; f. pimienta

P. 44 y 45

10.

11. Respuesta libre.

12. a-5; b-2; c-4; d-1; e-6; f-3

13. a. blando/a ≠ duro/a; b. poco hecho/a ≠ muy hecho/a; c. ligero/a ≠ pesado/a; d. crudo/a ≠ cocinado/a; e. amargo/a ≠ dulce; f. picante ≠ soso

14. Comer bien y sano en la adolescencia

Alimentarse bien es muy importante en la adolescencia. Durante esta etapa se producen grandes cambios en el cuerpo y aumenta la velocidad de crecimiento. Una alimentación <u>equilibrada</u> es fundamental.

Los <u>cereales</u> con leche son una buena opción, rápida y sana, para el desayuno. Aportan hidratos de carbono, <u>proteínas</u>, minerales y vitaminas.

En el recreo, lo mejor es llevar un bocadillo o una pieza de fruta, y que no se te olvide tomar agua.

A la hora de comer, las recomendaciones para una dieta saludable son muy parecidas a las de los adultos. El pan, la pasta y el arroz <u>integrales</u>, las patatas, la fruta y la verdura deberían ser la base de la comida. En cuanto a la carne, el pescado y los huevos, tres o cuatro veces a la semana son suficientes, acompañados de <u>ensalada</u>. Las patatas <u>fritas</u> solo de vez en cuando, pues tienen demasiadas <u>calorías</u>. Y dos o tres veces a la semana un plato de legumbres: <u>lentejas</u>, garbanzos, judías… De <u>postre</u>, mucha fruta. Y el agua debería estar a mano para todos, sin excepción.

En la merienda, <u>leche</u> o yogur. ¡O fruta otra vez!

Y la cena… casi es la única comida que se puede hacer en familia, pues los horarios son complicados. Si se prepara entre todos es fácil: sopa, crema de <u>verduras</u>, ensalada... Está demostrado que comer en familia es bueno para la salud.

1.

a. Usamos el verbo <u>ser</u> + adjetivo para describir cosas y lugares.

b. Usamos el verbo estar para hablar de la localización y para hablar de estados.

2.

Mi casa <u>está</u> en un barrio en las afueras. <u>Es</u> un barrio muy tranquilo, me gusta mucho, pero <u>está</u> un poco lejos de mi instituto. Además, no <u>está</u> muy bien comunicado, así que mi padre o mi madre me tienen que llevar todos los días a clase. Nuestro piso <u>es</u> bastante grande y luminoso, y tiene cuatro habitaciones, dos baños, un salón, y la cocina, claro. Los dormitorios <u>son</u> pequeños, pero prefiero tener un dormitorio para mí solo, que tener uno más grande compartido con mi hermano. El piso <u>está</u> en la décima planta y tenemos unas vistas preciosas. ¡Me gusta mucho mi casa!

3.

11.º undécimo o décimo primero o decimoprimero	15.º décimo quinto o decimoquinto
6.º sexto	24.º vigésimo cuarto o vigesimocuarto
13.º décimo tercero o decimotercero	19.º décimo noveno o decimonoveno
7.º séptimo	22.º vigésimo segundo o vigesimosegundo
20.º vigésimo	2.º segundo

4. a. María vive en el primer piso. b. Antonio vive en la segunda planta. c. La casa de Alejandro está en el quinto piso. d. Violeta vive en el octavo piso. e. La casa de Eduardo está en la novena planta. f. Laura vive debajo de Alejandro, en el cuarto piso. g. La casa de Marta está encima de la de Alejandro, en la sexta planta. h. El piso de Mateo es el último: la undécima planta.

5. Posible respuesta. Hay una mesa con una silla debajo de la ventana. Al fondo de la habitación, detrás de la cama, hay una estantería con libros y una lámpara. Delante de la ventana hay una planta y unas cortinas. Hay un ordenador encima de la mesa. Hay un cojín encima de la silla y encima de la cama. Enfrente de la mesa hay una silla.

6. Saber qué tareas domésticas son las apropiadas para cada niño según su edad es imprescindible para hacer un reparto equitativo entre todos <u>los</u> miembros de la familia y, sobre todo, que no haga todo el trabajo una sola persona.

Es importante saber que, dependiendo de <u>la</u> edad de los chicos, se les pueden asignar unas u otras tareas. Como todo en la vida, las tareas domésticas son <u>un</u> proceso gradual, que debe empezar cuando el niño es pequeño para que se acostumbre a colaborar en casa y cuando sea mayor lo haga sin dificultad, sabiendo lo importante que es ayudar a los adultos.

Si <u>el</u> niño tiene entre 2 y 3 años, edad perfecta para empezar a ayudar en las tareas domésticas, puede hacer una de estas dos tareas: organizar los juguetes y tirar las cosas a la basura (por ejemplo, la piel del plátano después de comer uno). Poner y quitar <u>la</u> mesa a la hora de la comida y la cena (siempre con ayuda), o darle de comer a <u>una</u> mascota, son dos tareas del hogar perfectas para empezar a educar en la responsabilidad a niños de 4 o 5 años. A los 6 o 7 años, los niños ya pueden empezar a colaborar en <u>la</u> limpieza de la casa de forma semanal, con tareas sencillas, como hacer la cama. Cuando los niños tienen 10-11 años ya pueden ayudar bastante, por lo que llega <u>la</u> hora de repartir las tareas domésticas de verdad. Por ejemplo, mientras los padres cocinan, los hijos pueden fregar los platos o hacer otra tarea en la cocina. Cuando <u>los</u> chicos tienen alrededor de 12 años, ya pueden empezar a hacer tareas que impliquen salir a la calle solos, como, por ejemplo, sacar la basura o pasear al perro. Realizar las tareas de la casa en <u>el</u> exterior les dará una sensación de independencia que les llamará la atención y que conseguirá que quieran colaborar más en casa.

P. 48 y 49

7. El domingo pasado era el aniversario de bodas de mis padres: ¡se casaron hace 20 años! Mis hermanos y yo queríamos hacer <u>algo</u> especial para ellos, así que decidimos preparar nosotros la comida ese día. La verdad es que <u>ninguno</u> de nosotros sabe cocinar bien, por lo que buscamos <u>alguna</u> receta fácil y rica en Internet, pero <u>todo</u> lo que veíamos parecía complicado o nos faltaba <u>algún</u> ingrediente. Además, era difícil ponernos <u>todos</u> de acuerdo: a mi hermana no le gusta la cebolla y mi hermano odia el cilantro. Finalmente, encontramos <u>algo</u> que nos gustaba a <u>todos</u> y que al mismo tiempo nos pareció sencillo. Además, había <u>algunas</u> fotos del plato y en los comentarios <u>alguien</u> daba <u>algunos</u> trucos para mejorarla. Estuvimos <u>toda</u> la mañana cocinando y la verdad es que nos salió muy buena. A la comida vinieron <u>algunos</u> miembros de nuestra familia y a <u>todos</u> les gustó mucho. Mis padres se pusieron muy contentos y dijeron que había sido su mejor aniversario.

8.

Pronombres indefinidos (sustituyen a un nombre)					
Se refieren solo a cosas		Se refieren solo a personas		Se refieren a cosas o personas	
afirmativo	negativo	afirmativo	negativo	afirmativo	negativo
algo, todo	nada	alguien	nadie	todos, todas, toda, alguna, algunos, algunas	ninguno ninguna

Adjetivos indefinidos + nombre que acompaña	
Se refieren a cosas o personas	
afirmativo	negativo
algún ingrediente alguna receta algunos trucos algunas fotos	*ningún hombre ninguna mujer*

9. En una sartén grande, se calienta un poco de aceite de oliva a fuego medio. Se echan los dientes de ajo picados y se añade el atún. Se cocina unos minutos y se añaden los tomates picados. Se cocina unos 5-7 minutos más, removiendo hasta que la salsa espese. Se condimenta con sal y pimienta al gusto y se deja sobre el fuego dos o tres minutos más. Se echa caliente sobre los macarrones y se sirve.

10.
   Este y esto se refieren a cosas o personas que están cerca de la persona que habla.
   Ese y eso se refieren a cosas o personas que están cerca de la persona que escucha.
   Aquel se refiere a cosas o personas que están lejos de la persona que habla y de la que escucha.

11.

	aquí (cerca)	ahí (media distancia)	allí (lejos)
masculino sg.	este	ese	aquel
masculino pl.	estos	esos	aquellos
femenino sg.	esta	esa	aquella
femenino pl.	estas	esas	aquellas
neutro	esto	eso	aquello

12.
a. –¿De qué trata ese libro que estás leyendo?
–Habla de alimentación sana.
b. –Mira, aquella de allí es mi casa.
–¿Aquella (esa) de las ventanas grandes?
–No, la del balcón con flores.
c. –Oye, esa es mi taza.
–¡No! Esta es la mía. La tuya es aquella/esa que está cerca del horno.

P. 50

13. La vivienda a través de los siglos
   Los primeros seres humanos eran nómadas y cazadores. Se han encontrado restos de refugios hechos con pieles y huesos de animales de hace 35 000 años. Sin embargo, las primeras casas de verdad aparecieron hace aproximadamente 6000 años en Oriente Medio. Eran rectangulares y estaban hechas de adobe. En la antigua Grecia, las casas eran bastante pequeñas y se dividían en dos partes: una para los hombres y otra para las mujeres. En Roma aparecieron los primeros edificios de varias plantas, donde vivían las personas que eran más pobres. La gente rica habitaba en lujosas casas de campo. En la Edad Media las casas de los campesinos tenían una sola habitación para toda la familia y la compartían con sus animales, y hasta el siglo XIII no empezó a haber un espacio separado para los animales. En los siglos XIX y XX, con ciudades cada vez más grandes y pobladas, las casas se hicieron más pequeñas y los edificios más altos. Ahora, la sociedad se ha vuelto más sensible a los problemas del medioambiente y últimamente se ha empezado/han empezado a construir casas más eficientes energéticamente y más respetuosas con la naturaleza.

Eran: usamos el pretérito imperfecto para describir a los primeros humanos; han encontrado: usamos el pretérito perfecto compuesto porque es una acción terminada en el pasado que mantiene una relación con el presente; aparecieron: usamos el pretérito perfecto simple porque se trata de una acción puntual sucedida en un tiempo acabado; eran, estaban, eran, se dividían: se usa el pretérito imperfecto porque se trata de una descripción en el pasado; aparecieron: usamos el pretérito perfecto simple porque es una acción puntual sucedida en un tiempo pasado acabado; (aunque no hay un marcador temporal en sí, al hablar de Roma entendemos en la *época del Imperio Romano*); vivían: usamos imperfecto porque es una acción habitual en pasado; eran: se usa el pretérito imperfecto porque se trata de una descripción en el pasado; habitaba, tenían, compartían: usamos imperfecto porque son acciones habituales en el pasado; empezó, se hicieron: usamos el pretérito perfecto simple porque son acciones puntuales en momentos acabados del pasado; se ha vuelto, se ha empezado: usamos el pretérito perfecto compuesto porque se trata de acciones puntuales acabadas, pero en un tiempo no acabado que mantiene una relación con el presente, como indican los marcadores *ahora* y *últimamente*.

14. Corrección de errores

a. Mi casa está en el primer piso. ¿Y la tuya? Usamos el verbo *estar* para hablar de la ubicación de algo. El ordinal *primero* pierde la *-o* cuando va delante de un sustantivo masculino singular.

b. ¿Me puedes traer aquel libro que está allí, encima de la mesa? El demostrativo *este* se relaciona con el adverbio *aquí*, mientras que con el adverbio *allí* hay que poner el demostrativo *aquel*. *Encima* necesita llevar detrás la preposición *de*.

c. Nadie me ha enseñado a cocinar. He aprendido sola. Cuando empezamos una frase con un adverbio o un adjetivo negativo, no necesitamos añadir *no*. En cambio, si lo ponemos detrás del verbo, sí lo necesitaríamos: *No me ha enseñado nadie a cocinar.*

d. Después de calentar el aceite se añade el tomate. El verbo *añadir* tiene que concordar con su sujeto: *tomate*, que está en singular.

e. El baño está entre el salón y mi dormitorio. La preposición *entre* no va seguida de *de*. La forma del adjetivo posesivo es *mi*, no *mío*. *Mío* es pronombre, por lo que no puede ir delante de un nombre.

f. Ayer mi madre preparó canelones. ¡Me encantaron! El marcador temporal *ayer* va con el pretérito perfecto simple. Contar algo sucedido en un tiempo pasado acabado, así como su valoración, se expresan en pretérito perfecto simple.

g. La ensalada está buenísima. ¿Qué le has puesto? Cuando usamos el adjetivo *bueno* para hablar del sabor de un alimento utilizamos el verbo *estar*. *Es buena* significa que es saludable. Aquí es importante la segunda frase, *¿Qué le has puesto?* Se entiende *¿Qué le has puesto para que esté tan rica?*

h. ¿Conoces a alguna persona que sepa preparar *sushi*? *Alguien* es un pronombre, por tanto, no puede ir acompañando a un nombre. El adjetivo indefinido correcto es *alguna*.

i. La familia de Antonio tiene otra casa en la playa. El adjetivo *otro* nunca va acompañado de un artículo indefinido. Para hablar de la localización de algo usamos la preposición *en*. La preposición *a* se utiliza para hablar de la dirección de un movimiento.

j. Lo mejor de esa casa es que está muy bien comunicada. *El/La mejor* se usa para indicar cuál es mejor entre cosas diferentes de la misma categoría: *Esta es la mejor casa del barrio. Lo mejor*, en cambio, expresa la mejor cualidad de algo. *Bien comunicada* habla de la localización, por tanto, utilizamos el verbo *estar*.

15. Uso de preposiciones

a. ¿Conoces ya la nueva casa de Marcos? Yo estuve en ella ayer y me encantó. El complemento directo de cosa no lleva la preposición *a*. Para hablar de dónde se encuentra situado algo usamos la preposición *en*. En cambio, usamos *a* para hablar de la dirección de un movimiento.

b. El balcón de mi cuarto da a una calle muy tranquila. Usamos la preposición *de* para expresar que algo pertenece a algo o a alguien. La expresión *dar a*, hablando de una cosa, significa estar situada mirando hacia una parte.

c. He aprendido a preparar el pollo al horno. El verbo *aprender* cuando va con un infinitivo necesita la preposición *a*. La preposición *a*, aplicada a platos y alimentos, se usa para indicar el modo en que están preparados (*a la parrilla, a la brasa, a la romana…*).

d. Normalmente desayuno poco por las mañanas, luego, tomo un bocadillo al mediodía. Uno de los usos de la preposición *por* es para hablar de las partes del día (*por la mañana, por la tarde, por la noche*). Sin embargo, *mediodía* va con la preposición *a* o *al*.

e. Suelo cenar un puré de verduras o un vaso de leche con cacao. Con alimentos, la preposición *de* significa que es el ingrediente principal de ese plato, mientras que *con* significa que va acompañado de algo.

f. No vuelvo a casa para comer, como en el comedor de la escuela. Con lugares, la preposición *a* indica la dirección de un movimiento (*ir a, viajar a, mudarse a*); por el contrario, *en* se refiere a la ubicación donde se realiza una actividad (*trabajar en la oficina; comer en el restaurante; estudiar en la universidad*).

g. Mi madre me ha dicho que es mejor echar la sal primero cuando aliñas la ensalada. El complemento directo de cosa no lleva preposición.

h. ¿Te gusta el helado de limón? La preposición *de* referida a alimentos se usa para indicar el ingrediente principal. Por el contrario, *a* se refiere al modo en que está cocinado.

i. Me ha dicho el médico que solo coma pollo o pescado a la plancha. Para hablar del modo de preparar un alimento se usa la preposición *a*.

j. Juan ha ido a la tienda para comprar ajo. La preposición *a* se usa para indicar la dirección de un movimiento. *Para* expresa la finalidad de una acción.

FUNCIONES p. 51

1-b. –¿Te acuerdas de que hoy te toca hacer la compra?
–Sí, no me he olvidado. ¿Sabes si la tienda está abierta hoy?

2-a. –¡Qué pastel tan bueno! ¿Puedo probarlo?
–Vale, pero solo un trozo pequeño.
–¡Qué rico! ¿Puedes decirme cómo se hace?

3-b. –Para preparar bien la salsa debes hacerla a fuego lento.
–Vale. ¿Y cuánto tiempo más o menos?
–Depende, hasta que esté espesa.

4-a. –¿Qué especia tengo que echarle a la salsa?
–Orégano, está en aquel bote. Pero échalo después de que empiece a hervir.

5-b. –Es necesario tomar legumbres tres o cuatro veces a la semana. Y tú, ¿desde cuándo no las tomas?
–¡Ay, mamá! Es que sabes que no me gustan.
–Pues hoy voy a preparar lentejas y tienes que tomarlas te gusten o no.

6-c. –¿Te importa si cierro la ventana?
–No. Claro que no. Ciérrala.
–Es que estoy resfriada desde hace dos semanas.

7-b. –¿Se puede hacer una foto de ese cuadro?
–No, lo siento. Está prohibido. Pero puedes comprar postales en la tienda del museo.

1-b. El verbo *acordarse* es reflexivo y lleva la preposición *de*. En cambio, *recordar* no es pronominal y no lleva preposición (solo la preposición *a* en caso de que se refiera a personas). El verbo *olvidar* puede ser reflexivo o no. En este caso sí lo es, porque, si no, necesitaría el pronombre *lo*. El verbo *estar* tiene que ir en indicativo porque es el verbo principal de la frase. Está en presente porque se refiere a la situación actual de la tienda.
2-a. Para pedir permiso se usa el verbo *poder* con infinitivo. La expresión *te importa* también se puede usar, pero tendría que ir seguido de *si* y un verbo conjugado en presente. *Vale* se usa para dar permiso. *Cómo* se utiliza para preguntar por el modo, que es lo que quiere saber esta persona.
3-b. Para expresar obligación se podría usar tanto *debes* como *tienes que* con infinitivo. La palabra *cuánto*, cuando es interrogativo, lleva acento. La preposición *hasta* necesita *que* cuando va seguida de un verbo conjugado.

Pedir y dar información (cosas)
¿Qué es eso?
¿Sabes cómo…?
¿Qué especia tengo que echarle a la salsa?
¿Puedes decirme cómo se hace?
¿Sabes si la tienda está abierta hoy?

Pedir y dar información (tiempo)
¿Cuándo…?
¿Hasta cuándo…?
Ayer, el lunes, la semana pasada…
Antes de…
¿Y cuánto tiempo más o menos?
… hasta que esté espesa.
¿Desde cuándo no las tomas?
Desde que…
Estoy resfriada desde hace dos semanas.

Expresar obligación y necesidad
(No) debes hacerla a fuego lento.
(No) Hay que…
(No) Es necesario tomar legumbres.
(No) Puedes comprar postales.
Pero échalo después de que empiece a hervir.
Tienes que tomarlas te gusten o no.

Preguntar si se recuerda
¿Recuerdas…?
¿Te acuerdas de que hoy te toca hacer la compra?

Expresar que (no) se recuerda
(No) me acuerdo de
(No) recuerdo
Sí, no me he olvidado.

Pedir y dar permiso
¿Te importa que…?
¿Te importa si cierro la ventana?
¿Puedo probarlo?
¿Se puede hacer una foto de ese cuadro?
Vale, pero…
Pero puedes comprar postales en la tienda del museo.

Prohibir
Está prohibido…
No se puede…
No. Claro que no. Ciérrala.

4-a. Cuando queremos dar a elegir entre dos cosas de la misma categoría, podemos usar *qué* + sustantivo o *cuál* + verbo. *Esto* y *eso* son pronombres y no pueden ir seguidos de un sustantivo. *Después de que* tiene que ir seguido de subjuntivo cuando se refiere al futuro.

5-b. La expresión *es necesario* va seguida del infinitivo. Para hablar de algo que comenzó en el pasado y dura hasta el presente usamos *desde cuándo*. Para hablar de obligación podemos utilizar la perífrasis *tener que* + infinitivo.

6-c. Para pedir permiso podemos usar las fórmulas *te importa que* + subjuntivo o *te importa si* + indicativo, y en este caso el verbo está en indicativo. Para dar permiso solemos usar el imperativo. Cuando queremos hablar de algo que comenzó en el pasado y dura hasta ahora usamos *desde hace*.

7-b. Una de las formas para pedir permiso es con el verbo *poder* en impersonal (en tercera persona singular precedido del pronombre *se*). *Prohibido*, así como *permitido*, son estados y por tanto van con el verbo *estar*. Para dar permiso o sugerir se usa el verbo *poder* seguido de infinitivo.

Prueba 1.   Comprensión de lectura

Tarea 1, p. 52

La opción correcta es **0-D**. Belén quiere cambiar el color de las paredes de su habitación y el anuncio habla de una tienda de pinturas.

La opción correcta es **1-H**. Rafael necesita una cama y en esta tienda ofrecen muebles para el dormitorio, entre los cuales se encuentran las camas. La opción B no sería correcta porque este anuncio ofrece muebles también, pero de oficina.

La opción correcta es **2-C**. Lorena quiere cambiar sus sábanas y en esta tienda ofrecen *ropa de cama*, es decir, sábanas, colchas...

La opción correcta es **3-G**. Daniel se queja de que el tráfico y los coches, o sea, el ruido, no le permiten concentrarse y el anuncio ofrece ventanas que aíslan del ruido.

La opción correcta es **4-E**. Alba comenta que tiene una bombilla colgando, por tanto necesita una lámpara, que es lo que ofrece la tienda de este anuncio.

La opción correcta es **5-A**. Víctor dice que pasa frío, pero el problema no son las ventanas, por tanto no puede ser G. En cambio el anuncio A ofrece radiadores y estufas.

La opción correcta es **6-J**. Aitana quiere decoración porque las paredes de su dormitorio *están vacías* y esta tienda ofrece pósteres y cuadros.

Tarea 2, p. 54

La opción correcta es **7-B**. Darío dice que le toca *lavar los platos*, o sea, fregar.

La opción correcta es **8-C**. Eduardo dice que no tiene hermanos, es decir, que es hijo único.

La opción correcta es **9-A**. Mario dice que son tres hermanos y habla de su hermano pequeño y de su hermana mayor, o sea, él es el mediano.

La opción correcta es **10-A**. Mario dice que le toca cocinar un día a la semana.

La opción correcta es **11-B**. Darío dice que durante el año no colabora mucho, pero que en verano, o sea en vacaciones, tiene que hacer diversas tareas.

La opción correcta es **12-A**. Mario dice que ayuda desde que tenía siete u ocho años.

Tarea 3, p. 55

La opción correcta es **13-C**. El texto afirma que el objetivo del estudio es *facilitar la elaboración de alimentos más sanos, pero que gusten a los adolescentes*. La opción A no es correcta porque habla de *recoger información* y de *facilitar la elaboración de alimentos*, pero no de influir sobre los adolescentes. La opción B tampoco es correcta porque se dice que se ha completado la primera fase del estudio, pero que todavía no se ha realizado la segunda.

La opción correcta es **14-B**. Se dice que se dividió a los 304 jóvenes en 44 grupos, o sea, en grupos de 6 o 7 jóvenes. La opción A no es correcta porque lo que se dice es que los jóvenes procedían de cinco países, no que viajaron a cinco países. La opción C tampoco es correcta porque lo que se dice es que se les proporcionó una lista de la que debían elegir, no que lo hicieron ellos.

La opción correcta es **15-C**. Se afirma que la costumbre del picoteo es compartida por todos los jóvenes, *independientemente del país en que vivan*. La respuesta A no es correcta por la misma razón. La respuesta B tampoco es correcta porque no se menciona nada similar.

La opción correcta es **16-A**. En el texto se afirma que *el factor determinante para elegir un tipo u otro de comida* es el sabor. La respuesta B no es correcta porque se dice que *el precio condiciona, pero no es un factor determinante*. La respuesta C tampoco es correcta porque el texto afirma que no influye *el reconocimiento del producto ni las modas*.

La opción correcta es **17-B**. En el texto se dice que los adolescentes piensan que *la comida sana es aburrida, no apetitosa*. La opción A no es correcta porque se habla de que *los adolescentes de todos los países* tienen esa idea de la comida sana. La opción C tampoco es correcta porque lo que se dice en el texto es que los adolescentes han oído que la comida sana es importante, no ideas falsas sobre ella.

La opción correcta es **18-A**. El texto afirma que los jóvenes *no veían mal sus propias costumbres y su dieta*. La opción B no es correcta porque el texto dice que *conceptos como hábitos alimentarios les resultaban conocidos*, es decir, que sí que tienen algunos conocimientos sobre alimentación sana. La respuesta C tampoco es correcta porque en el texto se afirma que tienen *conceptos equivocados*, o sea que no tienen un buen conocimiento sobre alimentación.

Tarea 4, p. 57

La opción correcta es **19-C**. El verbo *aprender* significa adquirir conocimientos nuevos, que es de lo que se trata en este caso. La opción A no es correcta porque el verbo *conocer* no se usa con habilidades, como es el caso de *hacer cosas*. La opción B tampoco es correcta porque, aunque el verbo *saber* podría completar correctamente el significado de esta frase, se construye sin la preposición *a*.

La opción correcta es **20-A**. *Olvides* es la forma correcta de la segunda persona del imperativo negativo. La opción B no es correcta porque *olvida* es el imperativo afirmativo. La opción C tampoco es correcta porque *olvidas* es el presente de indicativo.

La opción correcta es **21-B**. *Ya* indica en esta frase que se ha tenido con anterioridad la experiencia que sea, en este caso, la de conocer a las personas con quien se va a vivir. La opción A no es correcta porque en esta frase el adverbio *todavía* iría con una negación e indicaría que el joven no ha tenido la experiencia de conocer previamente a sus compañeros de piso. La opción C tampoco es correcta porque *aún* se usa igual que *todavía*.

La opción correcta es **22-C**. *Es posible que* es una expresión de hipótesis que debe ir con subjuntivo y *prefieran* es el presente de subjuntivo del verbo *preferir*. La opción A no es correcta porque *prefieren* es la tercera persona del plural del presente de indicativo. La opción C tampoco es correcta porque *preferís* es la segunda persona del plural del presente de indicativo.

La opción correcta es **23-B**. El adverbio *completamente* se combina con el adjetivo para indicar que es *totalmente nuevo*. La opción A no es correcta porque el intensificador *mucho* no puede ser usado con adjetivos. La opción C tampoco es correcta porque para ser correcto en esta frase, el sustantivo *todo* debería ir precedido de la preposición *de (del todo nuevo)*.

La opción correcta es **24-A**. La opción correcta es *lengua*, porque es un sustantivo femenino y el adjetivo *otra* nos indica que se necesita una palabra femenina para completar el significado. Las opciones B y C no son correctas porque tanto *idioma* como *lenguaje* son sustantivos masculinos.

La opción correcta es **25-B**. La opción correcta es *extranjeros* porque la frase habla de personas que buscan *mejorar sus conocimientos de español*. La opción A no es correcta porque en este contexto *nativos* no tiene sentido ya que hablando de lenguas significa que se trata de la lengua materna. La opción C tampoco es correcta porque el sustantivo *extraños* significa desconocidos y no tiene sentido en esta frase.

Prueba 2.   Comprensión auditiva

〈14〉 -〈21〉 Tarea 1, p. 58

La opción correcta es **0-B**. La chica dice que tiene que compartir su dormitorio con su hermana pequeña, lo que significa que el dormitorio tiene dos camas pequeñas. La opción A no es correcta porque representa una cama sencilla. La opción C tampoco es correcta porque representa *una cama doble* y la chica dice que comparte el dormitorio, no la cama con su hermana.

La opción correcta es **1-B**. El chico dice que: *este (sábado) me toca cocinar*, que es lo que representa la foto B. La opción A no es correcta porque lo que dice es que *nadie quería planchar*. La opción C tampoco es correcta porque lo que dice es que el sábado pasado le tocó pasar la aspiradora, no el próximo.

La opción correcta es **2-B**. El chico dice que el bizcocho *lleva un yogur, zumo de limón, harina y aceite de oliva* y cuando la chica pregunta si lleva *azúcar*, le contesta que sí. La opción A no es correcta porque la foto representa huevos y mantequilla que son ingredientes del primer bizcocho que se menciona. La opción C tampoco es correcta porque falta el azúcar.

La opción correcta es **3-C**. La chica dice que tiene que *meter los libros en cajas*, y añade *te prometo que lo hago mañana* o sea, que todavía no lo ha hecho. La opción A no es correcta porque la chica dice que ha hecho la cama. La opción B tampoco es correcta porque la chica dice que ha planchado.

La opción correcta es **4-A**. La foto A representa un dormitorio con dos escritorios y la chica dice que precisamente no puede estudiar en su cuarto. La opción B no es correcta porque representa una terraza, que es donde la chica dice que estudia en verano. La opción C tampoco es correcta porque representa una cocina, que es donde la chica estudia en invierno.

La opción correcta es **5-B**. El chico dice que su madre le ha hecho otras cortinas. La opción A no es correcta porque el chico afirma que ya tenía la alfombra. La opción C tampoco es correcta porque el chico dice que los muebles son los mismos y que tan solo los ha pintado.

La opción correcta es **6-A**. El chico dice que desde que le cambiaron el horario a su madre es su padre el que se encarga de cocinar. La opción B no es correcta porque no dice que él lo haga. La opción C no es correcta porque su madre se encargaba antes, no ahora.

La opción correcta es **7-C**. El chico dice que su primo no puede comer yogures, queso, mantequilla, es decir alimentos que contienen leche. La opción A no es correcta porque el chico dice que, excepto lácteos, come de todo y menciona la fruta. La opción B tampoco es correcta porque no menciona el azúcar.

22 Tarea 2, p. 60

La opción correcta es **0-E**. El anuncio dice que, por la compra de ciertos productos, se llevará otro gratis.

La opción correcta es **8-F**. En el anuncio se dice que llevan los muebles a casa *sin coste alguno*, o sea, gratis.

La opción correcta es **9-C**. En el mensaje la chica pide a su amiga que le explique los ingredientes y cómo se hace la lasaña, es decir, le pide la receta. La opción G no es correcta porque en ningún momento pide que la invite a comer.

La opción correcta es **10-H**. En el anuncio se dice que *va ilustrado en forma de cómic*, o sea, que lleva dibujos.

La opción correcta es **11-J**. El chico propone dejar lo de la piscina para mañana, es decir, que cambia el día de la actividad.

La opción correcta es **12-B**. El anuncio dice que los que compren hoy en la tienda *on-line* recibirán un mantel gratis, es decir un regalo. La opción D no es correcta porque no dice que sea más barato comprar en Internet.

La opción correcta es **13-A**. La chica pregunta dónde está la tienda, es decir, quiere saber la dirección. La opción I no es correcta porque no dice que ha comprado nuevos muebles, sino que quiere comprarlos.

23 Tarea 3, p. 60

La opción correcta es **0-A**. Julio dice que se puso a limpiar el suelo, o sea, que se quedó a ayudar a limpiar la casa.

La opción correcta es **14-B**. Rocío dice que su padre estaba fuera esperando en el coche, es decir, que vino a buscarla.

La opción correcta es **15-C**. Ninguno de los dos vive cerca: Rocío dice que vive lejos y Julio contesta: *igual que yo*.

La opción correcta es **16-C**. Rocío dice que su padre vino a recogerla y Julio dice que fue a dormir a casa de Tomás, o sea, ninguno de los dos se quedó en casa de Maribel.

La opción correcta es **17-A**. Julio dice que cuando se acercó a la mesa ya no quedaba pastel de chocolate, es decir, no pudo probarlo.

La opción correcta es **18-B**. Julio dice que probó el pastel que hizo Rocío, es decir, fue ella quien hizo un pastel.

La opción correcta es **19-B**. Rocío dice que era *la primera vez que iba* a casa de Maribel, es decir, nunca antes había estado.

24 - 26 Tarea 4, p. 61

Primera noticia: La opción correcta es **20-C**. La noticia dice que los niños comen mejor los *alimentos que les resultan familiares, los que ven en casa y los que come su familia*, es decir, prefieren los alimentos que conocen. La opción A no es correcta porque no dice que prefieren comer en casa, sino que prefieren los alimentos que ven en su casa. La opción B tampoco es correcta porque no dice que comen más cuando están con su familia, sino que comen más cuando se trata de alimentos que come su familia.

La opción correcta es **21-B**. La noticia afirma que el objetivo es *lograr que coman los alimentos que el niño necesita para su correcto crecimiento y desarrollo físico y mental*. La opción A no es correcta porque lo que dice es que pretende orientar a los padres para que los niños coman mejor, no para que coman más. La opción C tampoco es correcta porque no menciona una lista de alimentos buenos para los niños, sino cómo presentar los alimentos para que los niños los acepten mejor.

Segunda noticia: La opción correcta es **22-C**. La noticia dice que las *responsabilidades distribuidas en casa desarrollan la autonomía de los hijos*, es decir, los ayuda a ser independientes. La opción A no es correcta porque al contrario, dice que *aunque los más pequeños no hagan las labores domésticas correctamente, es conveniente permitírselo*. La opción B no es correcta porque habla de que *todos deben colaborar en la casa* y en ningún momento dice que los padres deban realizar más tareas.

La opción correcta es **23-A**. En la noticia se aconseja realizar una reunión periódica y *así los jóvenes podrán participar en la decisión de las tareas que se deberán realizar*, es decir, se decidirá entre todos qué debe hacer cada uno. La opción B no es correcta, porque, como se ha dicho antes, el reparto debe ser hecho por todos los miembros de la familia y no por los padres. La opción C tampoco es correcta, porque lo que dice es que, debido a los horarios del trabajo de los padres y los colegios, es conveniente hacer una reunión periódica para distribuir las tareas.

Tercera noticia: La opción correcta es **24-B**. La noticia dice que en el concurso solo pueden participar niños *residentes en Boadilla del Monte*. La opción A no es correcta porque se habla del *Primer Concurso*, es decir, esta es la primera vez que se celebra. La opción C tampoco es correcta porque la noticia dice que *el jurado premiará los tres mejores*, es decir, habrá tres premios, tres ganadores.

La opción correcta es **25-C**. La noticia dice que *no podrá usarse horno, cocina, batidora ni ningún otro aparato eléctrico*, es decir, electrodomésticos. La opción A no es correcta porque lo que dice la noticia es que *las recetas tendrán que realizarse el mismo día del concurso en la Casa de Cultura*, no en casa de los concursantes. La opción B tampoco es correcta porque dice que *los participantes podrán estar acompañados de un adulto que no podrá intervenir en la elaboración de los platos*, es decir, no podrán ayudar.

Examen 3
Estudios, cultura y ocio

1.

masculino	femenino
a. el estuche c. el ordenador d. el bolígrafo e. el cuaderno i. el libro j. el lápiz l. el mapa ñ. los rotuladores o. el sacapuntas	b. la impresora f. la calculadora g. las tijeras h. la goma k. la mochila m. las hojas n. la regla

2.
j – g – i – m – n – k – h
l – b – a – f – e – d – c

3.
a. –Cuando <u>tengo</u> exámenes, estudio en la biblioteca. <u>Me concentro</u> mejor.
b. –¿Prefieres trabajar en grupos o en <u>parejas</u>?
–Depende. A veces me gusta más trabajar <u>solo</u>.
c. –En mi instituto hay <u>horario</u> de mañana y de tarde.
d. –¿En tu clase podéis usar <u>tabletas</u> o móviles?
–Sí. Por ejemplo, yo uso la mía para <u>tomar</u> notas.
e. –<u>Memorizar</u> las reglas gramaticales no sirve para nada.
f. –Mi profesor es genial, cuando <u>pronunciamos</u> mal una palabra, nos anima a intentarlo otra vez.
–Eso es fantástico. Así se <u>aprende</u> mejor.

4.
Mi día preferido de la semana es el jueves. Los jueves por la mañana tenemos cuatro <u>asignaturas</u>: Geografía, Inglés, Física y Literatura. Geografía es mi favorita, porque aprendemos los nombres de los <u>países</u> y dibujamos <u>mapas</u>. Eso me encanta. En esta clase trabajamos por <u>proyectos</u> y siempre en grupos. Antes de empezar un trabajo, escuchamos al profe y buscamos <u>información</u> en Internet.
En <u>clase</u> de Inglés, estudiamos con <u>ordenadores</u> y luego, en casa, trabajamos con el <u>libro</u>. Escuchamos <u>diálogos</u>, vemos vídeos, hacemos <u>ejercicios</u> de gramática y aprendemos mucho <u>vocabulario</u>. Es una clase muy divertida, porque hacemos muchos juegos.
El año pasado la Física no me gustaba, pero este año tenemos una nueva <u>profesora</u> que es genial, porque explica muy bien y utiliza muchos <u>vídeos</u> y <u>ejemplos</u> de la vida real, y lo mejor es que al final hacemos un <u>debate</u> y hablamos de las <u>dudas</u> y preguntas que tenemos.
La última asignatura de la mañana es Literatura. Es muy interesante conocer la <u>biografía</u> de escritores importantes y leer algunos <u>textos</u> que han escrito. Cuando el profesor explica, tomo <u>notas</u> en mi cuaderno. Después nos hace <u>preguntas</u> y reflexionamos sobre lo que hemos leído. A veces, también escribimos algún texto sobre nuestra <u>experiencia</u> personal. Es fantástico.

5. Respuesta libre.

P. 72 y 73

6.

aprobar/suspender	trabajar	memorizar/aprender	entender/comprender
un curso un examen una asignatura un trabajo	en parejas con un compañero individualmente en clase	una regla vocabulario un tema una fórmula	una fórmula un problema un ejercicio una explicación
repasar	hablar	preguntar/resolver	hacer
un examen un trabajo un ejercicio un tema	en clase con un compañero en parejas con los profesores	una duda una fórmula (resolver) un problema	un examen un trabajo un ejercicio una pregunta

7.
i – e – a – d
h – b – g – f – c

8.

Bailarín: baile y música. El bailarín baila. Fotógrafo: fotografía. El fotógrafo saca/hace fotografías. Escritor: literatura. El escritor escribe libros/poemas/cuentos. Compositor: música. El compositor escribe/compone/ crea música. Músico: música. El músico toca un instrumento. Arquitecto: arquitectura. El arquitecto dibuja los planos de un edificio/una casa. Pintor: pintura. El pintor pinta cuadros. Guitarrista: música. El guitarrista toca la guitarra. Actor: cine y teatro. El actor actúa/interpreta un papel en una película/serie o en el teatro. Director (de cine): cine. El director de cine hace películas. Cantante: canción. El cantante canta/interpreta canciones.

9.

a. taquilla; b. cuento; c. instrumento; d. cola; e. butaca; f. escenario; g. entrada; h. pantalla; i. concierto; j. dibujo.

10.

d. Hablan de momentos y personajes de una época pasada.

g. Intentan causar miedo.

c. Tratan temas imaginarios y del futuro.

b. Los personajes no son personas, son dibujos.

f. Cuentan historias relacionadas con el amor.

a. Hay escenas espectaculares, persecuciones, peleas…

e. Los protagonistas siempre están cantando y bailando.

h. Narran historias donde los protagonistas viven experiencias emocionantes.

11. 1-f; 2-b; 3-h; 4-c

12.

a. Es el monumento más visitado de España. Está en Barcelona. Lo diseñó el arquitecto Antoni Gaudí.

b. Billie Eilish es una cantante y compositora de éxito de Estados Unidos.

c. Frida Kahlo fue una pintora mexicana muy famosa.

d. Bad Bunny es un cantante y compositor puertorriqueño de reguetón y *trap* latino.

e. Escultura de Botero. Botero fue un escultor y pintor colombiano muy famoso por representar personajes, animales y formas muy gordos.

f. Museo Guggenheim. Es un museo de arte contemporáneo. Está en Bilbao y es uno de los más importantes de España.

g. Tango. Es un género musical de Argentina. Es tan conocido su baile como su música.

GRAMÁTICA p. 74 y 75

1.

Son masculinos los sustantivos terminados en	Son femeninos los sustantivos terminados en
-ma: el idioma, el problema, el tema * Hay algunas excepciones en sustantivos concretos como la llama	-ción: la canción, la traducción, la exposición
-aje: el masaje, el paisaje	-sión: la televisión, la misión
-or: el dolor, el color, el amor	-dad, -tad: la ciudad, la facultad
Algunos sustantivos terminados en -a: el mapa, el día, el planeta	Algunos sustantivos terminados en -o: la mano, la radio
Tienen la misma forma para el masculino y el femenino los sustantivos terminados en -ista: el/la artista -ante, -ente: el/la cantante, el/la docente -ía: el/la policía	

2.

a. la reina > el rey

b. la cantante > el cantante

c. la pianista > el pianista

d. el guía > la guía

e. la actriz > el actor

f. la princesa > el príncipe

g. el señor > la señora

h. el policía > la policía

i. el padre > la madre

j. el hombre > la mujer

k. el jefe > la jefa

l. el dibujante > la dibujante

m. el conductor > la conductora

n. la duquesa > el duque

o. el turista > la turista

3.

singular		plural	
a. Ana espera (a mí).	Ana <u>me</u> espera.	e. Llamáis (a nosotros/as) esta tarde.	<u>Nos</u> llamáis.
b. No escucho bien (a ti).	No <u>te</u> escucho bien.	f. Esperamos (a vosotros/as) en el parque.	<u>Os</u> esperamos en el parque.
c. Leen un cómic.	<u>Lo</u> leen.	g. Escuchamos las canciones.	<u>Las</u> escuchamos.
d. Tenemos una consola.	<u>La</u> tenemos.	h. Paseamos a nuestros perros.	<u>Los</u> paseamos.

4.

a. –¿Recuerdas todas las fórmulas que ha explicado el profe de Química?
–No, no <u>las</u> recuerdo todas. Algunas eran bastante difíciles, ¿no?
b. –¿Habéis terminado los trabajos de fin de curso?
–No, no <u>los</u> hemos terminado. Son muy largos.
c. –¿Os conocen ya los profesores del próximo curso?
–Sí, ya <u>nos</u> conocen. Eran nuestros tutores el curso pasado.
d. –Somos los amigos de Ana, ¿nos recordáis?
–¡Claro! <u>Os</u> recordamos muy bien. Nos conocimos en el pueblo.

5.

María: Hola, Juan. ¿Has terminado las actividades de Matemáticas?
Juan: Sí, <u>las</u> terminé anoche. ¿Y tú? <u>¿Las</u> hiciste?
María: No, aún no <u>las</u> he hecho. He estado ocupada con el proyecto de Historia. <u>¿Lo</u> has terminado ya?
Juan: Sí, <u>lo</u> terminé la semana pasada. La profe me dijo que estaba muy bien.
María: ¡Qué bien! A mí aún me falta un poco para terminar<u>lo</u>. Oye, ¿puedes leer<u>lo</u> a ver qué te parece?
Juan: Claro, mándame<u>lo</u> por correo.
María: ¡Genial! Por cierto, ¿has comprado ya la entrada para la exposición de Super Héroes?
Juan: Sí, <u>la</u> compró mi hermana ayer. Bueno, compró dos. Ella también viene con nosotros.
María: ¡Qué bien! Tu hermana me cae genial. Yo <u>la</u> compraré esta tarde.
Juan: ¿Todavía no <u>la</u> tienes? Date prisa, que quedaban pocas.
María: Tranquilo, creo que mi padre <u>las</u> había reservado. Una para mí y otra para mi hermano.
Juan: Va a ser fantástico. Bueno, voy a cenar. Nos vemos mañana en clase.
María: Sí, mañana nos vemos. Por cierto, recuerda llevar los patines y el casco. Hemos quedado con Sara y Roberto para ir a patinar.
Juan: Tranquila, ya <u>los</u> tengo en la mochila. El casco no <u>lo</u> encuentro. <u>Lo</u> buscaré luego.

6.

a. A mí <u>me</u> encantan los selfis. **b.** A nosotros <u>nos</u> gusta jugar en la piscina. **c.** A Sara <u>le</u> gustan los helados.
d. A ellos <u>les</u> encanta estar juntos. **e.** A ti <u>te</u> duele la cabeza. **f.** A vosotros <u>os</u> enseñan la robótica.

P. 76 y 77

7.

a. Cuando éramos pequeños, mi abuelo <u>nos</u> compraba chucherías todos los domingos.
b. Siempre <u>te</u> regalamos entradas para conciertos, pero este año vamos a comprar<u>te</u> algo diferente.
c. La tutora está explicándo<u>les</u> los problemas de Física, porque el lunes hay examen.
d. Tengo que contar<u>os</u> algo que <u>me</u> ha dicho Jaime: el concierto se ha cancelado.
e. ¿Qué <u>me</u> has traído? ¿Es un regalo? ¡Qué nervios!
f. –¿Qué <u>les</u> puedo regalar a los chicos?
–Cómpra<u>les</u> una camiseta de su equipo favorito.

8.

Combinación de los pronombres de OD y de OI
1. Con un verbo conjugado, se ponen antes del verbo: Con OD: *¿Todavía no la tienes?* Con OI: *Mi abuelo nos (a nosotros) compraba chucherías.*
2. Con *tener que, querer, poder, ir a* + infinitivo, o con *estar* + gerundio, pueden ir: • antes del verbo: *¿Qué les puedo regalar a los chicos?* • después del infinitivo y del gerundio: *Tengo que contaros (a vosotros) algo.* *La tutora está explicándoles (a ellos) los problemas de Física.*

9.
a. Nuria ha comprado unas deportivas por Internet. (enviar, a ella)
Van a enviárselas./ Se las van a enviar el jueves.
b. He olvidado la tableta en mi casa. (poder, tú, dejar tu tableta a mí)
¿Puedes dejármela / Me la puedes dejar para la clase de idiomas?
c. Mi ordenador se ha estropeado. (ir a decir esto a mis padres)
Voy a decírselo / Se lo voy a decir a mis padres.
d. Tu hermano tiene un patín eléctrico nuevo. (querer pedir, yo a él)
Quiero pedírselo / Se lo quiero pedir para probarlo.
e. Tengo un nuevo amigo del grupo de música. (pensar presentar a ti, a mi amigo)
Pienso presentártelo / Te lo pienso presentar en la fiesta.
f. Tengo este cómic repetido. (poder cambiar el cómic a mi vecina).
Puedo cambiárselo / Se lo puedo cambiar a mi vecina, ella tiene muchos.

10.
a.
–Hola. ¿Te acuerdas de mí?
–Pues… la verdad es que no.
–Soy Olga, iba contigo a clases de música en el conservatorio.
–Ah, sí, ya me acuerdo de ti. Olga, claro. ¡Han pasado muchos años!
b.
–Oye, Carlos, mírame. Estoy hablando contigo.
–Perdona, mamá. Daniela quería hablar conmigo por teléfono. Por cierto, me manda besos para ti.
c.
–¿Te acuerdas de Sara? Hoy he estado patinando con ella. Hemos hablado mucho y también me ha preguntado por ti.
–¿Y te ha preguntado por Daniel también?
–Sí, me ha preguntado por él. Le he dicho que estabais en el mismo instituto.

11.
a. *Las entradas que han comprado para el concierto son muy caras.*
b. Los auriculares nuevos que le regalaron no funcionan bien.
c. El compañero al que/a quien he ido a ver está enfermo.
d. El móvil con el que hago fotos de mis insectos favoritos es nuevo.
e. El parque por el que antes paseaba con mi perro está cerrado.
f. En la exposición donde/en la que estuvimos había muchos grafiteros.

12. Bachillerato y Formación Profesional
El Bachillerato es una etapa fundamental en la que los estudiantes se preparan para su futuro académico y profesional. Tiene una duración de dos cursos (de los 16 a los 18 años), en los cuales los jóvenes adquieren conocimientos y habilidades esenciales para su desarrollo personal y laboral. Estos estudios, además, fomentan el pensamiento crítico, la responsabilidad y la disciplina. Es en esta etapa cuando los estudiantes comienzan a definir sus intereses y a tomar decisiones importantes. Las asignaturas especializadas, que se eligen según las preferencias y habilidades de cada alumno, les permiten enfocarse en aquellas áreas en las que podrán trabajar. Por otro lado, está la Formación Profesional, una alternativa que permite a los estudiantes prepararse para el mundo laboral. Quienes eligen este tipo de formación desean aprender una profesión con la que integrarse rápidamente en el mercado de trabajo. Uno de los aspectos más importantes de la Formación Profesional es su enfoque práctico. Los estudiantes son supervisados por profesionales expertos.

Las empresas valoran mucho la formación práctica, por eso suelen buscar candidatos con estos estudios, especialmente en los sectores, como el tecnológico y el industrial, <u>donde</u> la demanda de profesionales con formación técnica es muy elevada.

En conclusión, esta formación ofrece grandes ventajas <u>a quienes</u> buscan una preparación práctica y rápida.

P. 78

13. Videojuegos, parte fundamental del ocio de los adolescentes

En las últimas décadas, los videojuegos <u>han sido</u> una parte fundamental del ocio de los adolescentes. Antes de aparecer, los adolescentes no <u>habían tenido</u> experiencias similares. Esta nueva forma de divertirse les <u>abría/abrió</u> un mundo nuevo.

Durante los años 90 y los 2000, muchos jóvenes <u>pasaban/pasaron</u> horas jugando con consolas como la PlayStation, la Nintendo 64 y, más tarde, la Xbox. Estos juegos, que <u>ofrecían</u> desde aventuras épicas hasta simuladores deportivos, <u>permitían</u> a los adolescentes explorar mundos virtuales sin salir de casa. Antes, muchos padres <u>veían</u> los videojuegos como una simple distracción, pero, con el tiempo, la industria <u>evolucionó</u>: el diseño gráfico <u>mejoró</u>, las historias <u>se volvieron</u> más profundas y los juegos en línea <u>permitieron</u> a los adolescentes conectarse y competir con jugadores de todo el mundo. Además, con los videojuegos <u>nació</u> una nueva forma de socialización. Antes de la popularización de las redes sociales, muchos adolescentes <u>se reunían</u> en casa de algún amigo para jugar, ver películas, etc., y de esta forma <u>creaban</u> amistades duraderas. Sin embargo, con el auge de los juegos en línea, esta interacción social <u>se trasladó</u> a las plataformas virtuales, donde los adolescentes <u>podían</u> hablar y jugar en tiempo real con personas de diferentes lugares. Aunque durante muchos años los videojuegos <u>tuvieron</u> muchos enemigos, estudios recientes <u>han demostrado</u> que también tienen beneficios: mejoran la coordinación mano-ojo y fomentan el trabajo en equipo. En resumen, son un elemento clave en el ocio de los adolescentes de diferentes generaciones, pues <u>han cambiado</u> sus experiencias.

Han sido: usamos el pretérito perfecto compuesto para hablar de acciones terminadas, pero que están dentro del tiempo presente (en las últimas décadas); habían tenido: el pretérito pluscuamperfecto se usa para hablar de una acción o situación pasada anterior a otra también pasada (antes de aparecer los videojuegos); abría/abrió: tanto el imperfecto como el pretérito perfecto simple son opciones correctas, ya que se puede entender como descripción o acción puntual; pasaban/pasaron: si se considera una acción habitual en el pasado, usamos el imperfecto. Si se entiende que esto ocurrió en un tiempo determinado del pasado (los años 90 y 2000) se usa el pretérito perfecto simple; ofrecían, permitían: la opción adecuada es el pretérito imperfecto, ya que se está describiendo algo; veían: en este caso, se usa el pretérito imperfecto porque se está hablando de una situación que sucedía de forma habitual (antes); evolucionó: el uso del pretérito perfecto simple aquí indica una acción puntual que interrumpe otra anterior (antes… pero…): mejoró, se volvieron, permitieron, nació: estos pretéritos perfectos simples indican acciones que tuvieron lugar de forma puntual en el pasado; se reunían, creaban: usamos el pretérito imperfecto, aquí para referirnos a una acción que se repite en el pasado (antes); se trasladó: cuando indicamos que una acción (se trasladó) interrumpe a otras (se reunían, creaban) se usa el pretérito perfecto simple; podían: la opción adecuada es el pretérito imperfecto, ya que se está hablando de algo que sucedía de forma habitual; tuvieron: en este caso se habla de una acción puntual que tiene lugar durante un periodo (durante muchos años) en el pasado, por eso se usa el pretérito perfecto simple; han demostrado, han cambiado: se refieren a acciones pasadas, pero que continúan hasta hoy (estudios recientes), por eso usamos el pretérito perfecto compuesto.

14. Corrección de errores

a. A Ernesto <u>le</u> he comprado un regalo por su cumpleaños. Seguro que <u>le</u> gusta. Cuando el objeto indirecto (A Ernesto) aparece delante del verbo (he comprado), se repite seguidamente el pronombre de objeto indirecto (en este caso *le*, pronombre de objeto indirecto de 3.ª persona). *Lo* no es correcto porque es un pronombre de objeto directo que hace referencia a *regalo*. La conjugación del verbo *gustar* lleva los pronombres *me, te le, nos, os, les*. *Le* es el pronombre singular de la tercera persona.

b. Ahora estoy <u>estudiando</u>. Mejor me llamas <u>por/en</u> la tarde. La perífrasis verbal es *estar* + *gerundio* y el gerundio del verbo *estudiar* es *estudiando*; *estudiado* es un participio y *estoy estudiado* no tiene sentido. Lo habitual, para hablar de las partes del día, es usar *por* o *en* (por/en la mañana). En España es más frecuente el uso de *por* y en Hispanoamérica el uso de *en*.

c. ¿Sabes dónde está Raquel? Tengo que <u>decirle</u> algo importante. El verbo *decir* puede llevar dos complementos (de objeto directo: *decir algo*, y de objeto indirecto: *a alguien*). En esta frase, *algo* es el objeto directo y Raquel es el objeto indirecto (recibe la acción del verbo). El pronombre de objeto indirecto es *le*. Cuando un pronombre va detrás de un infinitivo, aparece directamente pegado a él formando una sola palabra (*decirle*).

d. No sé <u>dónde</u> está el móvil <u>que</u> mi padre me regaló. *Donde* (sin tilde) es un relativo y *dónde* (con tilde) es un interrogativo. El sentido de esta frase nos indica que lo correcto es *dónde*, porque la persona se pregunta, de forma indirecta, dónde está su móvil (quizá lo ha perdido), por eso debe llevar tilde. *Que* es el relativo más habitual para añadir información (que me regaló mi padre) sobre algo o alguien mencionado antes (antecedente, en este caso, el móvil). *Cual* no es correcto. Sería correcto usar *el cual*, pero en oraciones explicativas (entre comas); nunca en oraciones especificativas (sin comas).

e. Mis perros son muy buenos. <u>Les</u> voy a comprar unas chuches. Igual que en c., el verbo *comprar* puede llevar dos pronombres (de objeto directo: *comprar algo*, y de objeto indirecto: *a alguien*). En esta frase, *chuches* es el objeto directo y *mis perros*, el objeto indirecto (recibe la acción del verbo). El pronombre de objeto indirecto masculino plural que sustituye a *mis perros* es *les* (voy a comprar unas chuches a mis perros = les voy a comprar unas chuches).

f. Tengo una *app* con *un* mapa de España. ¿Te <u>lo</u> enseño? *Mapa* es una palabra masculina. Decimos *un mapa*. El verbo *enseñar* lleva dos complementos (de objeto directo: *enseñar algo*, y de objeto indirecto: *a alguien*). Aquí, *mapa* es el objeto directo, por lo que el pronombre que lo sustituye es *lo*. *Te* (a ti) es el objeto indirecto.

g. <u>Nuestra</u> profesora no viene hoy a clase, <u>está</u> enferma. *Nuestra* es un posesivo que acompaña a un sustantivo (profesora) y que funciona como un determinante (nuestra profesora), por eso no se puede usar otro determinante (la). *Enferma* es un estado, por lo tanto, tiene que ir con el verbo *estar*.

h. España recibe muchos <u>turistas</u> ingleses y alemanes. El sustantivo correcto es *turistas*. Los sustantivos terminados en -*ista* son iguales para el masculino y para el femenino.

i. Lucas, ¿puedes <u>ayudarme</u> con este ejercicio? Cuando un pronombre va detrás de un infinitivo, forma una única palabra con él (ayudarme).

j. Yo no entiendo <u>tampoco</u> cómo hay tantas películas nuevas. En este caso, al ser una frase negativa, lo correcto es utilizar *tampoco*. Otra opción es no poner nada. *Yo no entiendo cómo hay tantas películas nuevas.*

15. Uso de preposiciones

a. Él y sus amigos han decidido hacer una excursión con sus bicis. El verbo *decidir* no va seguido de preposición; cuando va seguido de un verbo, este va en infinitivo (decidir hacer algo).

b. No vino <u>a</u> la fiesta el sábado porque estaba de vacaciones. Cuando un verbo de movimiento (*ir, venir,* etc.) indica destino (la fiesta), se usa la preposición *a*.

c. A mi hermana le gusta estudiar <u>por</u> la noche. Hay menos ruido. Lo habitual, para indicar las partes del día, es usar *por*.

d. El programa cultural <u>de</u> este trimestre es muy completo. La idea de esta frase es que este trimestre tiene un programa cultural muy completo. En una relación de posesión conviene utilizar la preposición *de*.

e. El libro que necesitas está <u>en</u> la estantería. Para indicar la ubicación de algo (el libro) usamos la preposición *en*.

f. Voy a ir <u>a</u> una exposición de fotografía el lunes. Igual que en b., cuando un verbo de movimiento (*ir*) indica destino (una exposición), se usa la preposición *a*. La preposición *en* se utiliza para hablar de medios de transporte (en tren, en bici, etc.).

g. Prefiero comprar las entradas por Internet y no esperar cola <u>en</u> la taquilla. Usamos la preposición *en* para indicar la ubicación (la taquilla). *De* indica una relación de posesión y no tiene sentido aquí.

h. Nos hemos apuntado <u>a</u> un curso de percusión. El verbo *apuntarse* va seguido de la preposición *a* (apuntarse a algo/a hacer algo).

i. Si quieres aprender <u>a</u> hablar español, puedes buscar un intercambio. El verbo *aprender* va con la preposición *a* cuando le sigue un verbo en infinitivo.

j. ¿Hacemos una presentación <u>en</u> español para la clase de Historia? *En* es una preposición que se puede usar para indicar el modo (cómo) en el que se hace algo (la presentación) y este es el sentido de la pregunta: cómo van a hacer la presentación.

FUNCIONES p. 79

1-b. –Chicos, ¿<u>qué</u> os parece ese grupo musical? ¿<u>Os</u> <u>gusta</u>?
–Está bien, pero <u>preferimos</u> la música electrónica a la urbana.

2-c. –¿<u>Adónde</u> te gustaría ir este fin de semana?
–Tengo <u>muchas</u> ganas de ir <u>a</u> la playa.

3-a. –¿No <u>os</u> interesa que <u>hagamos</u> el trabajo sobre los insectos?
–Nos interesa <u>más</u> hacerlo sobre el desarrollo de las células.

Hablar de gustos e intereses
¿Qué es lo que menos te gusta de tu instituto?
¿Qué os parece ese grupo musical?
¿Os gusta?
¿No os interesa que hagamos el trabajo sobre los insectos?
Nos interesa más hacerlo sobre…
Me interesan más las de acción que…

4-a. –¿Con quién prefieres ir al concierto: con ellos o conmigo?
–Prefiero que vayamos todos juntos. Es más divertido.

5-b. –Me apetece que vayamos a ver la nueva película de Spider-Man.
–Sabes que no soporto las películas de animación. ¡Qué aburrido!

6-a. –Ana, ¿cuál es tu sueño? A mí me gustaría ser actriz.
–Yo estoy pensando pedir una beca para vivir en otro país.

7-a. –¿Piensas ir a la exposición de grafiti este finde?
–Claro que sí. El sábado.
–¿Vas a hacer algo después?
–No sé. ¿En qué estás pensando?

8-c. –¡Qué divertida es esa serie! Una comedia fantástica.
–Bah, me interesan más las de acción que las comedias.

1-b. Para preguntar por algo general (en este caso por los gustos de unas personas), usamos el interrogativo *qué*. La única opción aquí es *gusta*, porque este verbo solo tiene dos formas: *gusta* o *gustan*. La opción a. *nos interesa*, sería posible en el caso de una frase comparativa: *nos interesa más la música… que la urbana*.

2-c. Para preguntar por un lugar necesitamos un interrogativo (Adónde). Las opciones a. *donde* y b. *Adonde* no son correctas, porque no llevan tilde. La palabra *ganas* está en plural, por lo que la opción a. *mucha* (en singular) no es correcta; la opción b. no tiene sentido. La preposición *en*, de la opción a, no es correcta, porque con verbos de movimiento que indican destino usamos *a*.

3-a. Por la respuesta (nos) entendemos que la pregunta se refiere a vosotros, con lo cual el pronombre correcto es *os*. La opción c. no es correcta, porque el pronombre *me* refiere *a mí*, y no tiene sentido que la persona se pregunte a sí

Hablar de preferencias
¿Prefieres que vaya yo?
¿Con quién prefieres ir al concierto: con ellos o conmigo?
Prefiero que vayamos todos juntos.
Preferimos la música electrónica a la urbana.

Expresar aversión
Odia levantarse pronto.
No soporto las películas de animación.

Hablar de deseos
Yo sueño con vivir…
¿Adónde te gustaría ir este fin de semana?
Tengo muchas ganas de ir…
Me apetece que vayamos…
¿Cuál es tu sueño?
A mí me gustaría ser actriz.

Hablar de planes e intenciones
¿Piensas ir a la exposición de grafiti este finde?
Estoy pensando pedir una beca…
¿Vas a hacer algo después?
¿En qué estás pensando?

Expresar placer, diversión y aburrimiento
Me reí mucho en aquella *escape room*.
¡Qué aburrido!
Qué divertida es esa serie…
Es más divertido.

Confirmar una información
Está bien, pero…
Claro que sí. El sábado.

misma. Cuando se habla de preferencias se puede usar un infinitivo (si el sujeto es el mismo: *me interesa hacer…*) o el subjuntivo, cuando el sujeto es diferente (os interesa, a vosotros; hagamos, nosotros), por eso las opciones b. y c. no son correctas. En este contexto se están comparando dos opciones: hacer un trabajo sobre insectos o hacerlo sobre el desarrollo de las células. Al preferir una opción sobre otra, se usa *más*.

4-a. Para preguntar por personas, se usa el interrogativo *quién*, con lo que la opción c. no es correcta, pues no lleva tilde. El pronombre personal *mí* cuando va precedido de la preposición *con* se transforma en *conmigo* (una sola palabra), por lo que las opciones b. y c. no son correctas. Las opciones b. *preferimos* (nosotros) y c. *prefieren* (ellos) no son correctas, porque lo lógico es contestar en primera persona: *prefiero*.

5-b. Al hablar de deseos, usamos el subjuntivo cuando los sujetos de los dos verbos son diferentes (*me apetece, yo; vayamos, nosotros*), por lo que las opciones a. y c. no son correctas. La opción c. *soportas*, no es correcta, pues está en persona *tú*, y lo lógico es contestar en persona *yo* (soporto). La opción a. no tiene sentido aquí. La expresión correcta para indicar aburrimiento es *¡qué aburrido!* La opción a. no tiene sentido, porque la persona dice que no soporta algo, por lo tanto, no puede ser algo divertido. La opción c. *¡Qué me aburro!* no es posible.

6-a. En este caso, la persona que pregunta se refiere a una relación de posesión (el sueño de una persona), por lo que necesita el verbo *ser*. Las opciones b. y c. no son correctas. Usamos también el verbo *ser* para hablar de la profesión (ser actriz). La opción c. trabajar, sería correcta usando *como* (me gustaría trabajar como actriz); Para hablar de la finalidad de algo, usamos *para* (la finalidad de la persona es vivir en otro país, por eso quiere pedir una beca); la opción c. no es correcta, porque *en* no indica finalidad.

7-a. Cuando nos referimos a los días de la semana usamos el artículo *el*, porque son masculinos. Las opciones b. y c. no son correctas. Para preguntar por cosas indeterminadas o desconocidas, usamos *algo*. Las opciones b. y c. no son correctas, porque *alguno* se usa para hablar de cantidad indeterminada de algo y suele acompañar a un nombre (en el caso del masculino, *alguno* pierde la *-o = algún*). Las opciones b. y c. no son correctas, porque para preguntar usamos el interrogativo *qué* (con tilde).

8-c. *¡Qué divertida es…!* es la expresión adecuada para expresar diversión y se usa con el verbo *ser* porque es una descripción de algo. La opción b. puede ser correcta si se quiere expresar que en algunos momentos la serie está divertida, pero no lo es en general. La persona que contesta expresa su interés en algo, por lo que *me* es la opción correcta (a mí). Las opciones a. y b. no son adecuadas en este contexto. La opción a. no es correcta, porque no se están comparando cantidades (más… de), sino series, por eso hay que usar *más… que*.

Prueba 1.   Comprensión de lectura

Tarea 1, p. 80

La opción correcta es **0-H**. Carolina dice que le interesa el arte y que le gustaría ver una exposición original y el anuncio H propone precisamente una exposición diferente de carteles y grafitis de países latinoamericanos.

La opción correcta es **1-J**. Andrés dice que le gustaría hacer alguna actividad relacionada con el cine o el teatro por la tarde y que lo máximo que puede pagar son 30 € y el anuncio J propone un taller de cine por la tarde cuyo precio es de 28 €.

La opción correcta es **2-E**. Enrique está interesado en cursos de inglés porque tiene que prepararse los exámenes oficiales y que le gusta el ambiente de las clases y el anuncio E es una escuela de idiomas por lo que le ofrece lo que necesita. El anuncio I también habla de cursos de idiomas, pero es *on-line* y solo son ejercicios de gramática, con lo cual no es suficiente para prepararse los exámenes oficiales. Además, a Enrique le gusta el ambiente de las clases y el anuncio I no ofrece clases.

La opción correcta es **3-A**. A Ainhoa le interesa conocer nuevas ciudades o descubrir cosas nuevas en su propia ciudad y quiere participar en alguna excursión guiada el sábado y el anuncio A ofrece visitas guiadas por la ciudad todos los días. La opción B no es posible, porque aunque es una ruta guiada también, es todo el fin de semana y Ana solo tiene libre el sábado.

La opción correcta es **4-D**. Alfredo está interesado en hacer algo útil por los demás. Quiere participar en algún programa social con niños o personas mayores y la propuesta D consiste en ser voluntario con niños con problemas. Además, ofrecen formación y es justo lo que Alfredo necesita.

La opción correcta es **5-F**. A María le apasiona la música y busca un seminario o un curso. El anuncio F propone construir instrumentos musicales y se dirige a alumnos con conocimientos musicales. Precisamente ella toca dos instrumentos.

La opción correcta es **6-G**. Antonio está interesado en aprender más sobre su pasión, las nuevas tecnologías. Él participa en muchas redes sociales y el anuncio G propone participar en un ciclo de conferencias para aprender cómo usar mejor las redes sociales.

Tarea 2, p. 82

La opción correcta es **7-A**. Laura dice que *Finis Mundi* fue el primer libro que publicó y con él ganó el Premio Barco de Vapor.

La opción correcta es **8-B**. Eloy dice que todas sus historias están basadas en hechos reales y hablan de las cosas cotidianas de los adultos, es decir, de cosas reales.

La opción correcta es **9-C**. Joana dice que a los nueve años, gracias a un proyecto escolar, empezó a escribir breves historias que guardaba en un cuaderno.

La opción correcta es **10-C**. Joana cuenta que escribe romance juvenil, es decir, novelas o historias románticas: de amor.

La opción correcta es **11-A**. Laura explica que nunca se publicó la primera novela que escribió con su amiga Miriam.

La opción correcta es **12-B**. Eloy no dice nada de premios en su texto.

Tarea 3, p. 83

La opción correcta es **13-C**. Según el texto *Caperucita es una niña de hoy*, es decir, *una caperucita actual*. Las opciones A y B no son correctas porque en ningún momento se habla de una renovación del cuento original ni tampoco de una obra americana traducida, sino de una historia fantástica de la escritora española Carmen Martín Gaite.

La opción correcta es **14-B**. Según el texto, Sara y su familia viven en un barrio de Nueva York que se llama Brooklyn. Las opciones A y C no son correctas, se habla de la isla de Manhattan como el bosque (el del cuento original) y es allí donde vive la abuela. Se menciona Broadway no como lugar donde vive nadie, sino que se dice que la abuela era una estrella de Broadway (la calle más famosa de Manhattan).

La opción correcta es **15-A**. A lo largo de todo el relato se ve que Sara es la protagonista de la historia, es decir, el personaje principal. Además, el texto dice que a Sara le gustaba *inventar historias en las que ella era la protagonista*. La opción B no es correcta, porque se menciona la receta misteriosa de una tarta de fresa, pero no se dice que Sara aprendiera a leer haciendo esa tarta. La opción C tampoco es correcta porque aunque Sara aprendió a leer, hablar y pensar con Aurelio, este no era su profesor de Geografía, sino un antiguo novio de su abuela.

La opción correcta es **16-A**. En el texto se dice que la abuela de Sara era una exestrella de Broadway, es decir una artista famosa. La opción B no es correcta porque Miss Lunatic era una mujer pobre que pedía en el metro, y no estaba haciendo ninguna película. Se menciona la película porque Sara y Miss Lunatic fueron a un bar muy chic donde estaban haciendo una película, pero ellas no participaron, sino que se fueron. La opción C tampoco es correcta porque Míster Wolf no es un empleado, sino el propietario de una pastelería.

La opción correcta es **17-B**. Al final del texto se afirma que Sara decidió ir a la estatua de la Libertad y que no podía llegar allí sin una palabra mágica. La opción A no es correcta porque es Míster Wolf quien necesita la receta de la tarta de fresa para que su negocio funcione bien otra vez. La opción C tampoco es correcta porque va en limusina a casa de la abuela, no a la Estatua de la Libertad.

La opción correcta es **18-C**. En el texto se afirma que Sara, finalmente decide ir a la Estatua de la Libertad y que allí la está esperando Miss Lunatic. La opción A no es correcta porque en Central Park es donde Sara encuentra a Míster Wolf, pero no se dice que todos los personajes vayan allí a pasear. La opción B no es correcta porque Sara no decide ir a ver la Estatua de la Libertad, sino que va allí porque ha quedado con Miss Lunatic.

Tarea 4, p. 85

La opción correcta es **19-A**. La preposición *entre* se utiliza para indicar que algo está entre unos límites, en este caso de edad (14 y 18). La opción B no es correcta porque la expresión *con 14 y 18 años* significaría que solo los de 14 y los de 18 y el texto da a entender que se está refiriendo a una franja de edad más amplia (desde los 14 hasta los 18), pues se está hablando de adolescentes y este concepto abarca más edades. La opción C tampoco es correcta, la preposición *por* no tiene aquí ningún sentido, no se usa con las edades de esta forma.

La opción correcta es **20-C**. Cuando comparamos cantidades, la expresión correcta es *más de* y en este caso se está comparando una cantidad (la mitad). La opción A no es correcta porque no estamos comparando acciones (estudio *más que* tú). La opción B tampoco es correcta porque *mayor* es el comparativo de *grande*.

La opción correcta es **21-B**. *Preocupado* es un estado de ánimo, de ahí que se construya con el verbo *estar*. La opción A no es correcta porque *preocupado* no es una característica, por lo que no podemos utilizar *ser*. La opción C no es correcta porque el verbo *tener* va con sustantivos y no con adjetivos.

La opción correcta es **22-C**. La frase indica una finalidad: *elegir los estudios para tener un buen futuro*. La opción A no es correcta porque *hacia* es una preposición que puede indicar una dirección o sentido al que se va y aquí no se habla de una dirección. Tampoco es correcta la B ya que la preposición *hasta* indica un tiempo/espacio límite y en este contexto no tiene sentido.

La opción correcta es **23-A**. *Lo que* se usa para referirse a ideas, acciones o conceptos. Nunca se refiere a sustantivos. En este caso se refiere a la idea anterior *el 25 % de los chicos quiere ganar mucho dinero*. La opción B no es correcta porque el relativo *que* se refiere a personas y/o a cosas. La opción C tampoco es correcta porque *el cual* sirve para referirse a personas, cosas o lugares ya mencionados, y aquí no es el caso.

La opción correcta es **24-C**. Aquí, *chicas* es el objeto indirecto de *interesar*. La opción A no es correcta porque *chicas* es femenino plural y *los* es masculino y hace referencia a un objeto directo. La opción C tampoco puede ser porque aunque *las* es femenino plural, sería objeto directo y necesitamos un pronombre objeto indirecto.

La opción correcta es **25-B**. En la frase, se dice que *elegir bien la carrera y tener un buen trabajo* son sus prioridades. La opción A no es correcta, no se está hablando de ningún estado ni situación temporal. La opción C tampoco es correcta porque no se está hablando de posesión o pertenencia.

Prueba 2. Comprensión auditiva

\27\ -\34\ Tarea 1, p. 86

La opción correcta es **0-B**. La chica propone ir a casa de Clara para escuchar música o jugar a la PlayStation y el chico dice que ese plan le encanta. La opción A no es correcta porque, aunque la primera propuesta es ir al cine, el chico dice que es muy caro, con lo cual no lo hacen. La opción C tampoco es correcta porque no se habla de ir a un cumpleaños.

La opción correcta es **1-C.** La chica quiere informarse sobre las clases de solfeo y de saxofón y dice que está en segundo curso. Las opciones A y B no son correctas porque, aunque se menciona la guitarra, no es el instrumento que toca la chica. Tampoco se dice nada de batería.

La opción correcta es **2-A.** La chica abre el regalo y dice ¡*Una cámara*! Las respuestas B y C no son correctas porque tanto el *e-book* como el iPad eran otras posibilidades de regalo que menciona el padre. Cuando dice *pero…* indica que al final no compraron ni una cosa, ni otra.

La opción correcta es **3-C.** La chica dice que Carmen, Raúl y ella van al concierto y luego el chico también dice que va, con lo cual son cuatro. Las opciones A y B no son correctas porque en la primera imagen hay tres personas y en la otra, dos.

La opción correcta es **4-B.** El chico le propone a la chica quedar los miércoles o los sábados y ella le dice que no puede los fines de semana (es decir, ni sábado ni domingo) y que prefiere entre semana, con lo cual se refiere al miércoles. Las respuestas A y C no son correctas porque nadie propone quedar el lunes y el sábado pertenece al fin de semana.

La opción correcta es **5-C.** La señora dice que *los sábados por la tarde hay plazas en el taller de diseño y en el de animación en 3D.* La opción A no es correcta porque el taller de grafiti y de cocina es los viernes. La opción B tampoco es correcta porque el curso de bici de montaña y el de composición musical son el sábado por la mañana.

La opción correcta es **6-A.** La chica dice que quiere estudiar turismo y el chico dice que para eso tiene que hacer la prueba de acceso a la universidad. La opción B no es correcta porque el chico dice que él está interesado en el medioambiente y quiere ser técnico de medioambiente. La chica le dice que tiene suerte porque no tiene que hacer la prueba de acceso a la universidad, con lo cual él no va a ir a la universidad. La opción C no es correcta porque uno de ellos sí va a la universidad.

La opción correcta es **7-C.** El señor dice que pueden comprar una entrada única para las dos visitas que cuesta 7 €. Las opciones A y B no son correctas porque 6 € cuesta la entrada al castillo y 2 € cuesta entrar al palacio testamentario.

35. Tarea 2, p. 88

La opción correcta es **0-J.** En el mensaje se afirma que después del segundo año puedes tocar con una orquesta, es decir, se puede formar parte de un grupo de profesionales.

La opción correcta es **8-B.** En el mensaje se menciona que se puede participar en diferentes rutas los sábados y domingos, es decir, los fines de semana, así que esta actividad se puede realizar los fines de semana.

La opción correcta es **9-I.** El mensaje dice que se convoca un premio de fotografía en la calle para no profesionales, con lo cual estos no pueden participar.

La opción correcta es **10-E.** En el mensaje una nueva escuela de atletismo busca chicos y chicas de 12 a 16 años, es decir, jóvenes. Además dice que el objetivo es participar en el campeonato nacional de primavera por lo que se trata de una competición.

La opción correcta es **11-D.** El aviso que se da en el mensaje es que los mayores de 12 años ya pueden solicitar el carné joven, con lo cual los menores de esta edad no pueden tenerlo.

La opción correcta es **12-F.** En el anuncio se propone participar en un programa tándem en el que se pueden practicar idiomas y conocer a gente de diferentes lugares del mundo. Es decir, se puede conocer a gente de otros países.

La opción correcta es **13-G.** En el anuncio animan a apuntarse en una liga solidaria y a colaborar con los que no tienen nada, es decir, proponen una actividad solidaria.

36. Tarea 3, p. 88

La opción correcta es **0-A.** Blanca dice que *al principio* tuvo *muchas dificultades,* es decir, tuvo problemas.

La opción correcta es **14-A.** Sergio le pregunta a Blanca qué tal su experiencia como voluntaria, con lo cual ella ha participado en una experiencia de ese tipo. Además, toda la conversación gira en torno a esa experiencia.

La opción correcta es **15-B.** Sergio dice que en su instituto no hay proyectos como ese.

La opción correcta es **16-A.** Blanca dice que en la casa donde vivían eran más de 30 y que tuvo *que compartir habitación con chicas de otros países.*

La opción correcta es **17-B.** Sergio le dice a Blanca que este año *se examina del First*, que es un examen oficial de inglés.

La opción correcta es **18-B.** Sergio dice que el año próximo tendrá 16 años, es decir, va a cumplirlos.

La opción correcta es **19-C.** Nadie dice que haya aprendido mucho italiano. Blanca dice que tenía una amiga italiana, pero no que haya aprendido ese idioma. Blanca también afirma que *ha mejorado su nivel de inglés* y que *ha aprendido mucho sobre diferentes culturas.*

Primera noticia:

La opción correcta es **20-A**. La noticia dice que *la serie de manga y anime redactada e ilustrada por Masashi Kishimoto*, es decir, Kishimoto escribió y dibujó la saga de Naruto. La opción B no es correcta, porque Kishimoto no es quien cumple 25 años, sino su obra Naruto: *Cuando Naruto, ... cumplió 25 años desde su debut*. La opción C tampoco es correcta, porque Kishimoto no hizo ningún vídeo, sino que fueron los creadores de la serie de anime.

La opción correcta es **21-C**. En el audio se dice que *la saga ha enamorado a millones de personas en todo el mundo*, es decir, es famosa internacionalmente. La opción A no es correcta, porque el vídeo no contiene nuevas historias, sino que, además de revisar la historia de Naruto, *fue la presentación de la nueva obra de Kishimoto*: Boruto: Naruto Next Generations. La opción B tampoco es correcta, porque Naruto no es un poderoso ninja, sino que, *busca... convertirse en el Hokage, el ninja más poderoso*.

Segunda noticia:

La opción correcta es **22-B**. En la noticia se dice que debido a la crisis, los padres han disminuido la cantidad de dinero que dan a sus hijos, es decir, reciben menos dinero. La opción A no es correcta porque no se dice que gasten menos de 12 € al mes, sino que *Dicen gastar unos 12 euros, pero en realidad su gasto es superior*. La opción C tampoco es correcta porque no se dice que gasten toda la paga con amigos, sino que gastan su paga en ropa, en salir a comer o tomar algo con los amigos y en tecnología.

La opción correcta es **23-A**. El texto afirma que *La cantidad media que reciben es de 13,5 euros a la semana*, con lo cual reciben más de 13 €. La opción B no es correcta, porque el texto afirma que el *70 % no tiene que hacer ninguna tarea en casa para conseguir su paga*, con lo cual reciben dinero (no *ganan* dinero) sin ayudar en casa. El Diccionario de la Real Academia define *ganar* como *Obtener un jornal o sueldo en un empleo o trabajo*. La opción C tampoco es correcta porque el texto no dice que *pidan* dinero a sus abuelos, sino que *El 80 % consigue dinero extra de sus abuelos o parientes*, es decir, no sabemos si lo piden o si los abuelos y parientes se lo dan.

Tercera noticia:

La opción correcta es **24-B**. La noticia afirma que el autor, en *La sangre de los libros cuenta las historias secretas y más sorprendentes de los grandes títulos y autores de la historia*. Es decir, escritores y libros famosos. Además se menciona a Víctor Hugo, Espronceda, Lope de Vega e Isaac Asimov. La opción A no es correcta porque *La sangre de los libros* no es un libro secreto y nadie lo descubre. La opción C tampoco es correcta, porque *La sangre de los libros* no se estudia en todos los institutos, sino que se dice que este libro rinde homenaje a textos que han sido rescatados y que han permitido que sus autores se estudiaran en las aulas.

La opción correcta es **25-B**. La noticia dice que Posteguillo acerca al lector a los secretos de escritores universales y desvela los motivos que explican el porqué de sus obras más famosas. Dice además que este título nos habla de su origen, de cómo y por qué fueron concebidas y cómo llegaron a publicarse. La opción A no es correcta porque Posteguillo no es un autor misterioso. La opción C tampoco es correcta, porque el autor tiene más libros publicados ya que en la noticia se dice que Posteguillo *vuelve a las librerías con un título* y al final de la noticia se dice que *nos habla este título* de Santiago Posteguillo.

Examen 4
Compras, ropa y restaurantes

LÉXICO p. 98 y 99

1.

Ropa	Calzado	Complementos
pantalones, falda, camisa, jersey, blusa, traje, pijama, cazadora, sujetador, bragas, calzoncillos, medias, calcetines, bañador, camiseta	botas, zapatillas de deporte, zapatos, sandalias	sombrero, pendientes, bolso, pulsera, guantes, gorra, gafas de sol, collar, pañuelo, paraguas, bufanda, anillo, corbata, cartera, reloj

2.
a-4: cinturón. No es un tipo de calzado. b-3: bañador. No es una prenda de invierno. c-6: aprender. No es una acción que se hace normalmente en las tiendas. d-2. nailon. No es un material natural. e-5: calzoncillos. No es una prenda femenina. f-1. sombrero. No es un objeto de adorno.

3. a-5; b-4; c-1; d-6; e-2; f-3. Fotos: a, f, d, (zapatillas) e, (jersey) c, b.

4. a. corto/a ≠ largo/a; b. de tacón ≠ planos/as; c. formal ≠ informal; d. sintético ≠ natural; e. caro/a ≠ barato/a; f. ancho/a ≠ estrecho/a; g. clásico/a ≠ moderno/a; h. cómodo/a ≠ incómodo/a; i. feo/a ≠ bonito/a.

5. a. estampado/a; b. de cuadros; c. de rayas; d. liso/a; e. de lunares.

6. a. El jersey; b. La corbata; c. Los pendientes; d. El pijama; e. Las sandalias; f. El sujetador.

7. Respuesta libre.

8. Posible respuesta. b. Puede ponerse una camiseta, unos pantalones cortos y unas zapatillas de deporte. c. Puede ponerse un vestido elegante o una falda con una blusa y zapatos de tacón. d. Puede ponerse unos pantalones con una camisa y un jersey.

P. 100 y 101

9.
a. zapatería. b. papelería. c. quiosco. d. tienda de discos. e. tienda de regalos. f. librería. g. joyería. h. peluquería.

10.
Alicia: ¡Laura, mira este escaparate! Tiene cosas muy bonitas.
Laura: Sí, pero un poco caras, ¿no?
Alicia: Es que no puedo esperar a las rebajas. Necesito el vestido ahora. Además, no todo es caro, vamos a entrar.
Dependienta: ¡Hola! ¿Puedo ayudaros?
Alicia: Hola. Estoy buscando un vestido de fiesta.
Dependienta: Pues, mira, las cosas de fiesta están allí. Si necesitáis algo, me decís.
Alicia: Vale, gracias.
Laura: Mira ese vestido azul.
Alicia: ¡Es precioso! ¡Pero qué caro!
Laura: Sí, es verdad, es que es de seda natural. Mira este otro, es muy bonito también, pero no pone el precio, vamos a preguntar.
Alicia: Perdona, ¿cuánto cuesta este vestido?
Dependienta: A ver… Este tiene descuento. Se queda en 45 euros.
Alicia: ¡Genial! ¿Me lo puedo probar?
Dependienta: Sí, claro. Ahí está el probador.
(En el probador)
Alicia ¿Qué te parece, Laura?
Laura: Pues creo que te está un poco pequeño. Pruébate una talla más.
Alicia: Es verdad, este me queda mucho mejor.
Dependienta: ¿Qué tal?
Alicia: ¡Muy bien! Me lo llevo.
Dependienta: Perfecto. Podéis pasar por caja. ¿Vais a pagar en efectivo o con tarjeta?
Laura: En efectivo.
Dependienta: Aquí tienes el tique. Tienes un mes para devolverlo.
Laura: Muchas gracias. Adiós.

11.

1. ¿Con qué frecuencia sueles comprar ropa?
   a. Varias <u>veces</u> al mes.
   b. Una vez en verano y otra en invierno.
   c. Otra respuesta:
2. ¿Qué razones te llevan a comprar ropa?
   a. Necesito una <u>prenda</u> para una ocasión especial.
   b. Hay ofertas y <u>rebajas</u>.
   c. No necesito razones, me gusta comprar.
3. ¿Con quién sueles ir de <u>compras</u>?
   a. Con mis padres.
   b. Con amigos/as.
   c. A veces solo/a y a veces con amigos/as o mis padres.
4. ¿Qué tipo de ropa sueles comprar?
   a. Cómoda y <u>práctica</u>.
   b. Deportiva e informal.
   c. Elegante y clásica.
5. ¿Tienes una <u>marca</u> o una tienda de ropa favorita? ¿Cuál es y por qué?
6. ¿Qué tipo de telas prefieres?
   a. De cuadros
   b. De rayas
   c. Estampadas
7. ¿Cuántos <u>pares</u> de zapatos tienes actualmente?
8. ¿Sigues normalmente las <u>tendencias</u> de moda?
   a. Casi siempre.
   b. A veces.
   c. Nunca.
9. Cuando abres tu armario, ¿qué ves?
   a. Un montón de prendas, algunas con la <u>etiqueta</u> puesta.
   b. Algunas prendas selectas, que <u>combinan</u> perfectamente entre ellas.
   c. Ropa de diferentes tamaños y estilos.
10. ¿Cuánto dinero gastas en ropa cada año?

P. 102 y 103

12.

Dos <u>barras</u> de pan; Un <u>bote</u> de mermelada de fresa; Un <u>cuarto</u> de kilo de queso; Un <u>paquete</u> de macarrones; Una <u>botella</u> de aceite de oliva; <u>Medio</u> kilo de cebollas; Una <u>docena</u> de huevos; Una <u>lata</u> de atún; Una <u>caja</u> de galletas; Un <u>litro</u> de leche.

13. a. taza; b. tenedor; c. vaso; d. plato; e. copa; f. cuchara; g. cazo; h. servilleta; i. sartén; j. cucharilla; k. cuchillo; l. jarra.

14. a-6; b-8; c-5; d-1; e-3; f-7; g-4; h-2.

15.

Sopa de verduras/pescado; filete de pescado, filete a la plancha; ensalada de tomate/patatas/arroz; tarta de chocolate; helado de chocolate; croquetas de jamón; tortilla de patatas, tortilla con ensalada; pescado a la plancha/al horno/a la romana/al vapor, pescado con patatas/ensalada/arroz/verduras; agua con gas; pollo a la plancha/al horno, pollo con patatas/ensalada/arroz/verduras; puré de verduras/patatas; macarrones con tomate.

16.

primeros platos: sopa del día, espárragos con mayonesa, arroz con marisco, ensalada de la casa.

segundos platos: pollo con patatas o ensalada, filete de ternera con patatas, salmón al horno con ensalada, calamares a la romana.

postres: arroz con leche, fruta de temporada, helado de frutas del bosque, flan de huevo.

17.

a. ¿Cuál es tu <u>plato</u> favorito?; b. ¿Prefieres la <u>comida casera</u> o la de los restaurantes?; c. ¿Te gustan más las verduras <u>crudas</u> o cocinadas?; d. ¿Te sientan mal algunos alimentos o tienes alguna <u>alergia</u>?; e. Si tienes <u>ham</u>-<u>bre</u> a media mañana, ¿tomas una pieza de fruta o unas galletas?; f. ¿Te gustan las bebidas con <u>gas</u>?; g. ¿Sueles tomar <u>infusiones</u>?; h. En general, ¿prefieres la comida <u>dulce</u> o salada?; i. ¿Prefieres la carne o el <u>pescado</u>? ¿Cuántas veces a la semana los tomas?; j. ¿Has considerado alguna vez hacerte <u>vegetariano/a</u>?

GRAMÁTICA p. 104 y 105

1. Posibles respuestas:

a. d. e. m. ¡Qué bonito es este vestido!; e. ¡Qué alegre es este vestido!; f. ¡Qué cómodo parece este abrigo!; g. ¡Qué corto y estrecho es este vestido!; i. ¡Qué elegante es este vestido rojo!; j. ¡Qué largo y ancho es este vestido kaki!; m. ¡Qué original es este vestido estampado!; n. ¡Qué triste es este vestido negro con botas negras! ¡Qué elegante es este vestido negro!

2. ver, ser, ir.

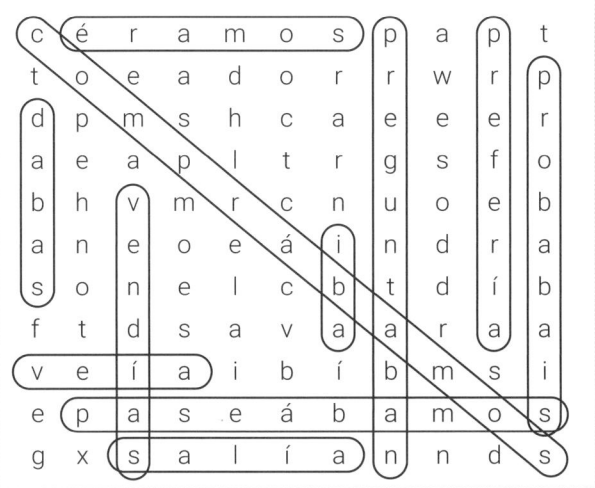

3.

Marta: Mira, Nuria, qué pantalones tan bonitos.

Nuria: ¿<u>Cuáles</u>? ¿Los verdes o los azules?

Marta: Los verdes.

Nuria: Muy bonitos, pero ¿<u>cuánto</u> cuestan? No veo el precio.

Marta: Es que tienes que pinchar aquí. Cuestan 25 euros.

Nuria: ¡Genial! El otro día vi un modelo muy parecido por 40 euros.

Marta: ¡No me digas! ¿<u>Dónde</u>?

Nuria: En la tienda que hay enfrente del instituto.

Marta: ¿De <u>qué</u> talla los quieres tú?

Nuria: De la 40.

Marta: ¿La 40? ¿Para <u>quién</u> son?

Nuria: Para mi hermana, es que va a ser pronto su cumpleaños.

Marta: Entonces, ¿los vas a comprar?

Nuria: Pues creo que sí, pero ¿<u>cuántos</u> días tengo si quiero hacer una devolución? Es que su cumpleaños es dentro de quince días. Imagina que no le están bien…

Marta: Pues aquí dice que tienes un mes para devolverlos.

Nuria: ¡Fenomenal! Entonces los compro.

4. a-5; b-3; c-1; d-6; e-4; f-7; g-2.

P. 106 y 107

5.

a. Déjame un bolígrafo, por favor. b. Estudia para los exámenes. c. Toma estos caramelos de menta para la tos. d. Pásame la botella de agua que está a tu lado, por favor. e. Claro que sí, siéntate. f. Recoge todos tus juguetes. g. Sigue/Siga todo recto y gira/gire la primera/segunda a la derecha/izquierda. h. ¡Oye, perdona!

6. a-3; b-4; c-5; d-1; e-2.

a. Las personas *tú* y *vosotros* del imperativo negativo son <u>diferentes</u> a las del imperativo afirmativo. b. Las personas *usted* y *ustedes* del imperativo negativo son <u>iguales</u> a las del imperativo afirmativo. c. Los pronombres van <u>detrás</u> del imperativo afirmativo. d. Los pronombres van <u>delante</u> del imperativo negativo. e. La persona *vosotros* del imperativo afirmativo en los verbos reflexivos pierde la d: *sentados – sentaos*.

7.
a. No las compres; b. Póntelo; c. Lávela; d. No los paguen; e. Pruébeselo; f. No la devuelvas; g. Ponéoslos; h. No lo tiréis.

8.
b. No los tires, mét elos en el cajón. c. Colócalos en la estantería. d. No la metas en el armario, ponla en la lavadora. e. Guárdalo en el cajón.

9.
<u>Ten</u> horarios regulares para tus comidas, <u>toma/consume</u> frutas y verduras frescas, <u>sé</u> moderado, no <u>comas</u> en exceso, <u>bebe</u> dos litros de agua al día, no <u>tomes/consumas</u> alimentos procesados y, además, <u>haz</u> ejercicio regularmente.

10. Juan es más directo y Luis es más educado: utiliza el condicional para suavizar lo que pide/quiere.

11. a. <u>¿Me acompañarías</u> a esa tienda? b. <u>Me gustaría</u> este modelo, pero en color rojo. c. <u>Deberías</u> probarte una talla más grande. d. <u>Habría</u> que ir esta tarde a cambiarlo. e. <u>Preferiría</u> salir un poco más tarde. f. <u>¿Me harías</u> un favor?

P. 108

12.
¡Hola, abuelita!
¿Qué tal? ¡Te echo mucho de menos! La semana pasada, cuando nos <u>despedimos</u>, te <u>prometí</u> que te escribiría y aquí va mi primer correo.
<u>Llegamos</u> el lunes pasado a Nerja. El viaje <u>fue</u> un poco pesado, porque a la salida de Madrid <u>había</u> mucho tráfico. Como <u>estábamos</u> un poco cansados, ese día no <u>fuimos</u> a la playa. Además, <u>dedicamos</u> la tarde a limpiar la casa, porque <u>estaba</u> un poco sucia después de tantos meses sin ir.
Al día siguiente <u>nos levantamos</u> temprano y <u>fuimos</u> a la playa. A mi amiga Clara, que, como sabes, <u>ha venido</u> con nosotros, <u>le encantó</u>. Me <u>dijo</u> que nunca <u>había visto</u> una playa tan bonita.
<u>Hacía</u> mucho calor y yo me <u>senté</u> debajo de la sombrilla, pero Clara <u>se puso</u> a tomar el sol y <u>se quemó</u>, así que estos días <u>nos hemos quedado</u> en casa hasta que se cure.
<u>He hecho</u> muchas fotos. Te adjunto algunas para que veas lo bonita que es Nerja.
Un beso muy fuerte y te escribo pronto ¡Lo prometo!
Alba

Nos despedimos, te prometí, llegamos: usamos el pretérito perfecto simple para hablar de acciones puntuales en pasado. Además, los marcadores temporales que llevan la palabra *pasado* o *pasada* van con este tiempo. Fue pesado: en esta frase usamos el pretérito perfecto simple para valorar una acción sucedida en el pasado. Había: para describir en pasado usamos el pretérito imperfecto. Estábamos: aquí el pretérito imperfecto permite describir las circunstancias en que sucedió algo. Fuimos, dedicamos: se trata de una acción puntual, en un tiempo acabado, lejano al presente (el lunes pasado), por tanto usamos el pretérito perfecto simple. Estaba: usamos el pretérito imperfecto para describir el estado de la casa, así como las circunstancias en que sucedió la acción anterior. Nos levantamos, fuimos: son acciones puntuales sucedidas en un tiempo pasado acabado, motivo por el que se usa el pretérito perfecto simple. Ha venido: este pretérito perfecto compuesto permite hablar de una acción terminada, pero que repercute en el momento presente (la amiga está). Le encantó: usamos el pretérito perfecto simple para valorar algo sucedido en el pasado lejano. Me dijo: para mencionar una acción puntual sucedida en un tiempo pasado acabado usamos el pretérito perfecto simple. Había visto: esta acción sucedió con anterioridad a la expresada con el verbo *decir*, por lo que usamos el pretérito pluscuamperfecto. Hacía mucho calor: para describir en pasado usamos el pretérito imperfecto. Me senté, se puso, se quemó: al tratarse de acciones puntuales sucedidas en el pasado usamos el pretérito perfecto simple. Nos hemos quedado: se trata de una acción puntual en un pasado cercano al presente con un marcador temporal, *estos días,* que va con pretérito perfecto compuesto. He hecho muchas fotos: es una acción puntual y, al no haber un marcador temporal, usamos el pretérito perfecto compuesto, ya que entendemos que las ha hecho durante este viaje, que todavía no ha acabado.

13. Corrección de errores
a. <u>¿Cuál</u> prefieres? ¿La camisa <u>de cuadros</u> o la estampada? Para dar a elegir entre dos cosas de la misma categoría usamos *qué + sustantivo* (¿Qué camisa prefieres?) o *cuál + verbo* (¿Cuál prefieres?). *Qué prefieres* es para dar a elegir entre dos cosas de diferente categoría (¿Qué prefieres, la camisa o la blusa?). No se dice *cuadrada*, sino *de cuadros*.

b. Perdone, señor. ¿Cuánto <u>cuestan</u> esos zapatos que están en el escaparate? Cuando nos dirigimos a una persona llamándole *señor* tenemos que usar la persona *usted*. El verbo *costar* tiene que concordar en plural con su sujeto: zapatos.

c. Entrad y <u>poneos</u> cómodos, yo vuelvo enseguida. El imperativo de los verbos reflexivos en la persona *vosotros* pierde la *d*.

d. Voy a comprar los pantalones <u>rosas</u>, me <u>encantan</u>. El adjetivo de color *rosa* es invariable, es decir, se usa *rosa* en femenino y masculino. El sujeto del verbo *encantar* es los *pantalones*, no *yo*, por tanto el verbo debe concordar e ir en plural.

e. Préstame 15 €, por favor, <u>te los</u> devuelvo mañana mismo. Los pronombres personales de objeto directo e indirecto van detrás del verbo en imperativo, uniéndose a él para formar una sola palabra. El pronombre personal de objeto indirecto va antes del de objeto directo: *te* (OI) *los* (OD).

f. No te <u>queda</u> bien esta chaqueta. ¿Por qué no <u>te pruebas</u> la marrón? El verbo *quedar* tiene que concordar en tercera persona del singular con su sujeto, que es *la chaqueta*. El verbo *probar* es reflexivo cuando se usa en este sentido (*probarse una prenda*; diferente a *probar un alimento*).

g. ¡Qué desastre! <u>Se me</u> ha olvidado <u>el</u> pijama en casa. El pronombre personal de objeto indirecto va antes que el de objeto directo. *Pijama* es una palabra masculina, a pesar de terminar con *a*.

h. El negro es <u>mucho</u> más elegante, pero el azul es <u>muy</u> bonito también. Con las palabras *más* y *menos* usamos el intensificador *mucho*. Con los adjetivos, como *bonito*, usamos el intensificador *muy*.

i. <u>Toda la</u> ropa de esta tienda es de materiales <u>naturales</u>. El artículo tiene que ir antes de la palabra *ropa*. El adjetivo *natural* tiene que concordar en plural con la palabra *materiales*.

j. Me han dicho que <u>la</u> miel <u>está bien/es buena</u> para la garganta. *Miel* es una palabra femenina en español. El adverbio *bien* siempre va con el verbo *estar*. Si usamos el verbo *ser*, tenemos entonces que acompañarlo del adjetivo *bueno/a*.

14. Uso de preposiciones

a. Póngame medio kilo de manzanas y un cuarto <u>de</u> kilo de cerezas. Con la palabra *medio* no necesitamos la preposición *de*, que en cambio sí se usa con *cuarto*.

b. Este sábado voy a ir <u>de</u> compras <u>al</u> centro comercial. ¿Quieres venir? La expresión es *ir de compras*. Para indicar el destino de un movimiento usamos la preposición *a*.

c. ¿Qué van <u>a</u> tomar <u>de</u> primero? La perífrasis que expresa futuro de intención es *ir a* + infinitivo. La expresión es *tomar de primero, de segundo, de postre*.

d. Yo quiero sopa <u>de</u> verduras o, mejor, verduras <u>a</u> la plancha. Con los alimentos, la preposición *con* expresa acompañamiento, *de* se refiere al principal ingrediente o sabor y *a* se refiere al modo en que está preparado.

e. Y, <u>para</u> beber, agua mineral <u>con</u> gas. La expresión que se usa es *para beber*. Decimos agua *con gas* contrapuesta a agua *sin gas*.

f. El otro día fui <u>a</u> las rebajas y me compré una camisa <u>de</u> rayas preciosa. El destino de un movimiento se expresa con la preposición *a*. Para hablar de motivos en una tela o material decimos *de rayas, de cuadros, de flores...*

g. <u>Para</u> desayunar, suelo tomar leche <u>con</u> cacao y tostadas <u>con</u> mermelada <u>de</u> fresa. Se dice *para desayunar, para comer, para cenar... Con* indica que la leche lleva cacao y *de* que el ingrediente básico de la mermelada es la fresa.

h. ¿Me puede enseñar un vestido como el que está <u>en</u> el escaparate? El objeto directo de cosa no lleva preposición. Para indicar el lugar donde está ubicado algo se usa la preposición *en*.

i. He decidido cambiar la chaqueta verde <u>por</u> una azul. Es más práctica. El verbo *cambiar* no lleva preposición. Uno de los significados de la preposición *por* es cambio e intercambio.

j. Tengo que comprar un regalo <u>para</u> mi prima. Estoy invitada <u>a</u> su fiesta de cumpleaños mañana <u>por</u> la tarde.

FUNCIONES p. 109

1-b. –¿<u>Cuánto cuestan</u> esas sandalias?
–¿Estas? 55 euros.
–¿Las tienen del número 35?
–No, lo siento. <u>No tenemos nada</u> en ese número. Pero podrías <u>probarte</u> el número 36.

2-a. –¿<u>Qué</u> le compramos a Antonio por su cumple? ¿Un reloj o una camiseta?
–Mejor una camiseta. Pero ¿<u>cuál</u> le compramos? ¿La roja o la azul?

> **Pedir y dar información sobre cantidad**
> Tenemos algo.
> <u>¿Cuánto cuestan esas sandalias?</u>
> <u>No tenemos nada en ese número.</u>
>
> **Proponer alternativas**
> ¿Prefieres... o...?
> <u>¿Qué le compramos a Antonio por su cumple?</u>
> <u>Pero ¿cuál le compramos?</u>
> <u>Podrías probarte el número 36.</u>

–¿Y si le <u>compramos</u> las dos? No son muy caras.

3-c. –Estoy harta <u>de tener</u> que ir todos los domingos a comer a casa de la tía Carmen.
–A mí no me importa, pero estoy aburrido de que siempre <u>nos prepare</u> lo mismo. No <u>soporto</u> comer cada domingo macarrones al horno.

4-b. –¿Podrías <u>darme</u> este jersey en una talla más pequeña?
–Claro, pero este tipo de jersey <u>queda</u> mejor un poco grande.
–¡Vale, gracias!
–Eso sí, <u>es</u> importante que lo combines con unos pantalones estrechos para que quede bien.

5-c. –Elena, necesito <u>que me hagas</u> un favor. ¿Te <u>importaría</u> ayudarme con el trabajo de Biología?
–¡Sin problema! Cuando quieras.
–Muchas gracias <u>por</u> todo. Eres una amiga de verdad.

6-b. –¿Te apetece <u>salir</u> esta tarde?
–Por mí genial. ¿Qué te parece si <u>vamos</u> a la nueva heladería? Te invito <u>a</u> un helado de chocolate y mango, está buenísimo.

1-b. Para preguntar el precio, el pronombre interrogativo *cuánto* va en singular. Cuando el pronombre indefinido *nada* va detrás del verbo, necesitamos poner el adverbio *no* delante del verbo. Una forma de proponer o sugerir es el verbo *poder* + *infinitivo*.
2-a. El interrogativo *qué* + *verbo* se usa para proponer la elección entre dos cosas de diferente categoría y *cuál* + *verbo* para elegir entre dos cosas de la misma categoría. Por otro lado, el interrogativo *cuál* tiene que ir en singular en este caso, porque tiene que concordar con las palabras a las que se refiere (camiseta roja o azul). La palabra *si* nunca puede ir seguida de un verbo en condicional (c) o en presente de subjuntivo (b).
3-c. Los verbos y expresiones de sentimiento van seguidos de *infinitivo* cuando el sujeto es el mismo y de *que* + *subjuntivo* cuando el sujeto es diferente. El verbo *soportar* no es reflexivo.
4-b. Usamos *podrías* + *infinitivo* para pedir objetos en una tienda, por ejemplo. El verbo *quedar* tiene que ir en indicativo en esta frase porque es el verbo principal. El adjetivo *importante* va con el verbo *ser*.
5-c. Los verbos de deseo, como *necesitar*, van seguidos de *que* + *subjuntivo* cuando hay un cambio de sujeto. El verbo *importar* funciona como *gustar*, es decir, no concuerda con el sujeto lógico de la frase. Para agradecer, se dice *gracias por* + pronombre/sustantivo o verbo en infinitivo.
6-b. Los verbos de gusto y sentimiento, tales como *apetecer*, van seguidos de infinitivo si no hay un cambio de sujeto lógico en la frase. La palabra *si* no puede ir seguida de subjuntivo ni infinitivo. El verbo *invitar* lleva la preposición *a*.

Expresar hartazgo y enfado
Estoy muy enfadado con...
Me pongo furioso/de mal humor...
<u>Estoy harta de tener que ir…</u>
<u>Estoy aburrido de que siempre nos prepare lo mismo.</u>
<u>No soporto comer cada domingo macarrones al horno.</u>

Pedir un favor y ayuda
¿Me haces un favor?
¿Puedes/Podrías...? Es que... ¿Puedes/Podrías ayudarme a…?
Necesito que me ayudes a...
<u>Necesito que me hagas un favor.</u>
<u>¿Te importaría ayudarme con el trabajo de Biología?</u>

Pedir objetos
¿Me traes una servilleta?
¿Me das la sal?
¿Me dejas/pasas/traes el libro?
Quería unos vaqueros de la talla 38.
<u>¿Podrías darme una talla más pequeña?</u>

Proponer y sugerir
¡Vamos a...!
¿Vamos al concierto el sábado?
<u>¿Y si le compramos las dos?</u>
<u>¿Te apetece salir esta tarde?</u>
<u>¿Qué te parece si vamos a la nueva heladería?</u>

Ofrecer, invitar y agradecer
<u>Te invito a un helado de chocolate y mango.</u>
<u>Gracias por todo.</u>

Prueba 1.   Comprensión de lectura
Tarea 1, p. 110
La opción correcta es **0-B.** Inés dice que necesita calzado, que no le gusta lo que ve y que le han hablado de Internet, pero no tiene tarjeta y en el anuncio B se ofertan zapatos diferentes y originales. Además, se pueden elegir o reservar *on-line* y comprarlos en la tienda, así que es lo más apropiado para ella.
La opción correcta es **1-H.** Roberto dice que necesita unas botas para ir a la montaña porque las suyas están viejas y rotas y el anuncio H es una tienda de material de montaña que tienen ofertas en calzado. Además, quiere unas botas baratas y en esta tienda tienen ofertas: si te suscribes a su boletín te dan 5 € para gastarlos en la tienda.

La opción correcta es **2-I.** Carlos quiere comprar un libro de viajes que sea diferente porque quiere ir a África o a la India y en el anuncio I se habla de una tienda especializada en libros de viajes. Además, dicen que tienen más material con consejos útiles, etc.

La opción correcta es **3-A.** Laura dice que a su abuela le gustan mucho las plantas exóticas y que como es su cumpleaños quiere regalarle una y en el anuncio A se habla de una tienda que tiene plantas exóticas.

La opción correcta es **4-C.** A Marta le gusta decorar su habitación con cosas hechas a mano, reciclados, etc., y en el anuncio C hablan de una tienda en la que se pueden comprar objetos hechos con materiales reciclados.

La opción correcta es **5-E.** Francisco necesita una cazadora y unos vaqueros, pero no le gusta ir a comprar y, tampoco tiene tiempo. Piensa mirar en Internet y ver qué ofertas hay y el anuncio E habla de una tienda *on-line* de ropa para gente joven. Además, dicen que tienen los mejores precios.

La opción correcta es **6-D.** Sandra tiene que llevar el postre a casa de una amiga y en el anuncio D se habla de un establecimiento donde venden dulces artesanales de calidad. Además, hay muchos tipos de productos diferentes, no solo tartas, con lo cual puede elegir.

Tarea 2, p.112

La opción correcta es **7-A.** El texto afirma que Elena Arzak forma un excelente tándem con su padre, es decir, Juan Mari forma un buen equipo con una mujer.

La opción correcta es **8-B.** El texto afirma que en el restaurante de Pedro hay una carta innovadora para descubrir y disfrutar de los sabores más intensos.

La opción correcta es **9-C.** El texto afirma que el restaurante de Joan y Josep recibió el galardón (premio) al Mejor Restaurante del Mundo.

La opción correcta es **10-C.** En el Celler de Can Roca, se puede tomar cocina catalana creativa.

La opción correcta es **11-A.** El texto afirma que el objetivo de J. Mari es renovar y actualizar la cocina vasca sin perder de vista la tradicional.

La opción correcta es **12-B** En el texto se dice que el restaurante de Pedro tiene su huerta particular, con lo cual cultivan sus propias verduras.

Tarea 3, p. 113

La opción correcta es **13-C**. Según el texto, Agatha dice que la moda tiene que ser cómoda, tanto para el cuerpo como para la mente. La opción A no es correcta porque no se dice que la moda tenga que ser conceptual, sino el diseño. La opción B tampoco es correcta, porque Agatha no dice que la moda tenga que ser divertida y atrevida. Sí se dice que sus diseños son atrevidos y que su puesta en escena es divertida.

La opción correcta es **14-A**. Según el texto, desde el primer momento, las propuestas de la diseñadora destacan por su originalidad, con lo cual ella es una diseñadora original.

La opción B no es correcta, ya que al ser una diseñadora con propuestas originales se entiende que no es una creadora de diseños típicos españoles. En realidad no se dice nada al respecto. La opción C tampoco es correcta porque el texto afirma que en su mundo existen los colores, pero no el blanco y negro, con lo cual no diseña ropa en blanco y negro.

La opción correcta es **15-C**. El texto afirma que Agatha debutó con un desfile (es decir, por primera vez), en la capital española, es decir, en Madrid. Las opciones A y B no son correctas, pues en Milán desfila en 1988, es decir, después y en Osaka, dos años más tarde, presenta una colección de kimonos.

La opción correcta es **16-A**. En el texto se afirma que Agatha inicialmente se dedicaba a la ropa para mujer y que luego se diversificó. La opción B no es correcta, porque no se dice en el texto que Agatha empezara vendiendo ropa infantil. Se dice que en un momento dado inauguró una tienda donde expuso (no vendió ella misma) diseños con aire un poco infantil, no ropa infantil. El diseño de ropa infantil es posterior. La opción C tampoco es correcta porque sus primeros diseños no son de ropa de baño, ese tipo de diseño es una creación posterior.

La opción correcta es **17-B**. El texto afirma que Agatha tiene un diseño inconfundible, es decir, se reconoce fácilmente. Además el texto afirma que tiene un estilo tan propio que al ver sus prendas se reconoce fácilmente que son de ella. Las opciones A y C no son correctas porque, aunque es conocida internacionalmente (sus diseños han estado en las pasarelas de todo el mundo), eso no significa que sean diseños internacionales. Tampoco el texto afirma que sus diseños sean inocentes.

La opción correcta es **18-C**. En el texto se afirma que el estilo de Agatha se reconoce fácilmente, es decir, es inconfundible. Además, se afirma también que es alegre. Las opciones A y B no son correctas, el estilo de Agatha es colorista ya que usa muchos colores, con lo cual no puede ser oscuro. El hecho de ser un estilo alegre indica que no es serio.

La opción correcta es **19-B.** *Para* aquí se refiere al destinatario, el supermercado nace como un modelo comercial nuevo dirigido a, destinado a jóvenes… La opción A no es correcta, ya que *por* indica causa. La opción C tampoco porque *hacia* indica dirección.

La opción correcta es **20-A.** *Que* es un relativo que se refiere al joven e introduce una información sobre él. La opción B no es correcta porque *el que* sirve para referirse a alguien (en este caso) que no hemos mencionado antes, pero aquí sí se menciona al joven. La opción C tampoco es correcta porque *quien* no puede ir con antecedente, y *cliente joven* es el antecedente.

La opción correcta es **21-B.** *Para que* introduce una frase en la que hay una finalidad y va con subjuntivo. Las opciones A y C no con correctas, porque el verbo no puede ir ni en indicativo (presente) ni en futuro.

La opción correcta es **22-A.** El término *centro* se utiliza cuando nos referimos a la parte central de una ciudad o de un barrio y este es el contexto. La opción B no es correcta porque *medio* se usa para referirse a algo que está entre dos extremos y es su parte central. La opción C tampoco es correcta porque *límite* hace referencia al fin o al término de algo. Se podría usar aquí, pero según el contexto no está hablando del fin o término de una ciudad, sino de que el supermercado está en un lugar central, de fácil acceso.

La opción correcta es **23-B.** *Superficie* se usa para hablar de las dimensiones (el largo y el ancho) y siempre se mide en metros cuadrados (m^2) como aquí, 1200 m^2. La opción A no es correcta, *medida* es el resultado de lo que mide algo. La opción C tampoco es correcta, porque *plaza* es un lugar ancho y espacioso en un pueblo o una ciudad donde dan varias calles.

La opción correcta es **24-C.** La idea de la frase es una causa: *Este supermercado es ideal porque cuenta con…* y *ya que* es un sinónimo de *porque*. Las opción A no es correcta, *aunque* introduce un problema para que algo se realice y ese no es el sentido de esa frase. Contar con todas las secciones no es un problema, no es algo negativo. La opción B tampoco es correcta, *como* introduce una causa, pero tiene que ir al principio de la frase, y aquí no es así.

La opción correcta es **25-A.** *Gran* significa *grande,* pero pierde *de* cuando va seguido de un sustantivo, en este caso *consumo*. La opción B no es correcta, *grande* no puede ir seguido de un sustantivo. La opción C tampoco es correcta, *muy* es un intensificador que va seguido de un adjetivo o un adverbio, y en este caso no es así.

Prueba 2.   Comprensión auditiva

(40) (47) Tarea 1, p. 116

La opción correcta es **0-C.** La chica le dice al chico que se pase por su casa a las seis y media para recoger la guía que le presta. La opción A no es correcta porque las siete es la hora a la que sale el chico el sábado para la excursión a la sierra. La opción B tampoco es correcta porque las nueve es la hora a la que la chica va a cenar a casa de sus abuelos.

La opción correcta es **1-B.** Durante toda la conversación el chico está comprando fruta y patatas, y esos productos se compran en la frutería. Las opciones A y C no son correctas pues son imágenes de una panadería y de un restaurante.

La opción correcta es **2-A**. La chica dice que hay unos vaqueros muy chulos, el chico decide probárselos y, aunque dice que le quedan un poco largos, se los lleva, es decir, los compra. Las opciones B y C no son correctas. El chico dice que el polo no le parece moderno y que no le gustan nada las camisas de cuadros.

La opción correcta es **3-C.** El chico comenta que en el mercado de la plata hay pendientes muy bonitos y al final la chica dice que sí, que van allí a por el regalo, con lo cual se entiende que le compran los pendientes. Las respuestas A y B no son correctas: hablan de la posibilidad de comprarle una camiseta de rayas, pero dicen que ya tiene muchas. En cuanto al pañuelo lo mencionan una vez al principio, sin más.

La opción correcta es **4-A.** El chico dice que la comida que más le gusta es la italiana y dice que los espaguetis boloñesa son sus preferidos. La opción B no es correcta, el chico dice que la comida mexicana le gusta bastante, pero eso no significa que sea su preferida. La opción C tampoco es correcta, el chico dice que le gusta la comida italiana, pero no la *pizza*.

La opción correcta es **5-A.** Uno de los clientes pide ensalada mixta de primer plato, y el otro gazpacho cuando el camarero les pregunta qué van a tomar. La opción B no es correcta porque no se habla de *sopa de marisco*, se dice *paella de marisco*. Además, eso no es el primer plato, lo piden de segundo. La opción C tampoco es correcta porque toman la paella de segundo plato y la pregunta es qué toman de primero.

La opción correcta es **6-B.** La chica busca unas botas negras o marrones. El empleado le ofrece unas negras sin tacón. La chica dice que le quedan bien y que le gustan. Al final dice que se las lleva. Las opciones A y C no son correctas, no compra botas negras con tacón y las marrones con tacón le gustan, pero le quedan pequeñas.

La opción correcta es **7-C.** El chico dice que quieren dos refrescos de cola, uno de naranja y uno de limón, es decir cuatro refrescos. Las opciones A y B no son correctas porque se mencionan dos y tres bebidas.

(48) Tarea 2, p. 118

La opción correcta es **0-H.** En el mensaje se anuncia una tienda para comprar vaqueros *on-line*. No se habla de otro tipo de prendas.

La opción correcta es **8-E.** En el mensaje se menciona que el horario es de martes a sábados y que los lunes está cerrado.

La opción correcta es **9-A.** El mensaje dice que en diciembre, es decir, en invierno, habrá una nueva *boutique* en Tenerife, con lo cual abren una nueva tienda.

La opción correcta es **10-J.** En el mensaje proponen participar en un concurso y ganar unas botas, es decir, que se puede ganar un premio. También dice que es para jóvenes de 11 a 17 años, con lo cual, si tengo 14 años soy candidato al premio.

La opción correcta es **11-C.** El anuncio dice literalmente: Si realizas tu pedido *on-line* obtendrás un 5 % de descuento, es decir, comprando *on-line* es más barato.

La opción correcta es **12-B.** En el anuncio se dice que en sus tiendas puedes encontrar una gran variedad de sandalias, zapatos y botas, es decir, calzado de invierno y de verano.

La opción correcta es **13-I.** Por el contexto entendemos que estamos en un supermercado. Luego en el anuncio dicen: *Si pasa por nuestra nueva sección…*, es decir, hablan de una nueva sección en un supermercado.

(49) Tarea 3, p. 118

La opción correcta es **0-A.** Carlos empieza diciendo que le parece más importante la tecnología que la moda y más adelante añade *yo tengo mi propio estilo y no me parece tan importante*, es decir, no le interesa mucho. Por otro lado, cuando Rosa reacciona diciendo que le parece interesante el tema del que han hablando en clase, él dice que *Bueno…* lo cual indica también que no le interesa mucho.

La opción correcta es **14-A.** Carlos dice que piensa que la tecnología es más importante que la moda y cree que la está sustituyendo como símbolo de estatus social, con lo cual Carlos piensa que la moda es un símbolo social.

La opción correcta es **15-C.** Ninguno de los dos chicos dice que compra por Internet. Sí mencionan que pueden comprar *on-line* a través del teléfono, pero no dicen que lo hacen.

La opción correcta es **16-B.** Rosa dice que a su madre no le gusta nada lo que ella se pone ni cómo combina los colores, es decir, a su madre no le gusta su estilo.

La opción correcta es **17-A.** Carlos dice que su hermano lleva unos pantalones horribles y muy grandes.

La opción correcta es **18-C.** Ninguno de los dos chicos dice que necesita un teléfono nuevo. Carlos habla de las posibilidades que ofrecen un superteléfono, pero no dice que lo necesita.

La opción correcta es **19-B.** Rosa dice que no tiene dinero ni para ropa ni para un nuevo teléfono, con lo cual se entiende que no tiene mucho dinero.

(50) - (52) Tarea 4, p. 119

Primera noticia:

La opción correcta es **20-B.** La noticia dice que los adolescentes, en relación a la ropa que deciden llevar, *tienen sus propias reglas*, es decir, sus propios criterios. Las opciones A y C no son correctas porque la noticia empieza diciendo *No podemos afirmar que los adolescentes sigan la moda,* es decir, que aunque son conscientes y tienen información suficiente de lo que visten los famosos, no los copian. Además, con esta primera frase descartamos también la opción C.

La opción correcta es **21-C.** La noticia dice que *los accesorios serán fundamentales: sombreros y chalecos para ellos*, es decir, para los chicos. La opción A no es correcta, ya que la noticia habla de todo lo contrario, no son los colores pastel los que se llevarán, sino los chillones: *Este verano predominarán los tonos flúor*. La opción B tampoco es correcta, no se habla de vestidos con calaveras, sino de camisetas con calaveras.

Segunda noticia:

La opción correcta es **22-C.** La noticia comienza diciendo que *las hamburguesas han experimentado una evolución significativa y se han convertido en un auténtico plato* gourmet, es decir, que han cambiado mucho.

La opción A no es correcta, la noticia no menciona que las hamburguesas estén de moda en todo el mundo, solo se dice que es un *plato internacional*. La opción B tampoco es correcta. La noticia no dice que la hamburguesa sea un plato divertido, sino que *lo divertido de este plato es que se come con las manos*.

La opción correcta es **23-A.** La noticia dice que en el Taller de la Hamburguesa *puedes encontrar hasta quince variedades* (tipos) *de hamburguesas*. La opción B no es correcta, se habla de que las hamburguesas pueden tener tres tamaños, no que haya tres variedades de hamburguesas o de panes. La opción C tampoco es correcta, no se habla de comida internacional, sino que hay comida para llevar, pero no se dice de dónde.

Tercera noticia:

La opción correcta es **24-C**. La noticia afirma que *para muchos jóvenes ir de compras es un hábito regular y una necesidad*. La opción A no es correcta, no se habla de comprar como una alternativa (una alternativa no es algo necesario). Por otro lado, no se dice que comprar sea divertido. La opción B tampoco es correcta, porque Pablo Barrenechea es el que dice que *ir de compras es una actividad con la que se puede hacer una contribución mayor para contrarrestar el cambio climático*, pero no que sea una actividad que lo perjudique.

La opción correcta es **25-B**. Según la noticia, Pablo Barrenechea dice que la compra responsable es una iniciativa que está convirtiéndose en algo popular, es decir, se está poniendo de moda. La opción A no es correcta, no se dice que comprar ropa perjudique el medioambiente, sino que la compra responsable puede ayudar a reducir la huella de las personas en el medioambiente. La opción C tampoco es correcta, porque la noticia no habla de comercio justo, sino de que la compra responsable es una iniciativa popular.

Examen 5
Salud, higiene y deportes

LÉXICO p. 128 y 129

1. (Desde abajo, a la izquierda de la foto del chico, y en el sentido de las agujas de un reloj)
pierna, brazo, espalda, cuello, cabeza, garganta, codo, estómago, mano, pie, dedo

2. El cuerpo humano es maravilloso, por eso es importante conocerlo, así como sus funciones.
En la cabeza está el cerebro, el órgano que controla todas las funciones del cuerpo. En la cara se encuentran los ojos, que nos permiten ver lo que hay a nuestro alrededor; con la nariz podemos respirar y oler las flores, los perfumes y… la basura. La boca sirve para alimentarnos y comunicarnos con otras personas. El cuello conecta la cabeza con el tronco. Los brazos son las extremidades superiores y en cada uno están el hombro, el codo y la mano (al final de las manos están los dedos). Estas extremidades son fundamentales para realizar acciones como levantar objetos, escribir o tocar un instrumento. Las piernas son las extremidades inferiores. En cada una están la rodilla y el pie. Con ellas podemos caminar, correr, saltar…
Conocer y cuidar nuestro cuerpo es esencial para mantener una buena salud y bienestar durante toda la vida.

3. a. mano-5; b. ojos-1; c. orejas-4; d. boca-3; e. nariz-2

4. Respuesta libre.

5. a-3; b-6; c- 1; d-4; e-5; f-2   (Fotos de izquierda a derecha y de arriba abajo)
f-c-b
d-a-e

6. a. acondicionador; b. maquillaje; c. crema corporal; d. jabón; e. peine; f. cepillo y pasta de dientes; g. gel; h. colonia o perfume; i. champú; j. crema facial; k. barra de labios; l. cepillo; m. desodorante

7.
La higiene corporal
Mantener limpio el cuerpo nos hace sentir frescos y cómodos, pero también es importante para nuestra salud y bienestar.
Lavarse las manos, ducharse regularmente y cepillarse los dientes ayudan a eliminar las bacterias y virus, (c.) y pueden evitar enfermedades como resfriados, infecciones de la piel y problemas dentales. Oler bien y estar limpios es importante para tener buenas relaciones con amigos, con los compañeros de clase, etc. Además, (g.) mejora nuestro estado de ánimo y autoestima. Sigue estos consejos para una buena higiene corporal:
- Dúchate cada día: (f.) especialmente después de hacer ejercicio.
- Lávate las manos: (b.) cuando están sucias, antes de comer y después de ir al baño.
- Cepíllate los dientes: (e.) al menos dos veces al día.
- Usa desodorante: (a.) para controlar el sudor y el olor corporal.
- Cambia de ropa: (d.) todos los días y especialmente después de sudar.
Recuerda que la higiene corporal no solo es cuestión de apariencia, sino también de salud. ¡Cuida de ti mismo y siéntete genial todos los días!

8. Respuesta libre.

P. 130 y 131

9.

acuáticos	de motor	de invierno	de equipo	de montaña / extremos	otros
natación artística piragüismo *kitesurf* remo pádel surf vela	motociclismo automovilismo *motocross*	*snowboard* patinaje artístico esquí	pádel bádminton balonmano voleibol	senderismo escalada alpinismo ala delta parapente *parkour*	ciclismo atletismo kárate judo esgrima golf

10. Respuesta libre.

11.
a. raqueta; b. palo; c. canasta; d. aletas; e. tabla; f. florete; g. pala; h. patines; i. bastones; j. volante

12.

a. Pádel. Consiste en pasar la pelota al campo contrario. Hay tres <u>sets</u>. Se juega en parejas, en una <u>pista</u> rectangular dividida por una <u>red</u>. Para practicarlo necesitas una <u>pala</u> y una <u>pelota</u>.

b. Patinaje. Consiste en deslizarse sobre una superficie con unos <u>patines</u>. Se puede dividir en dos grandes categorías: sobre <u>hielo</u> y sobre <u>ruedas</u>.

c. Surf. Es un deporte <u>acuático</u> que consiste en mantener el equilibrio encima de una <u>tabla</u> especial que se desplaza sobre las <u>olas</u> del mar.

13. a-4; b-5; c-1; d-2; e-3

14. a. cartas; b. fichas de dominó; c. piezas; d. cubiletes; e. dados; f. fichas

c-1; d, e, f-2 y 3.

15. Respuesta libre.

GRAMÁTICA p. 132 y 133

1. a. A él le duele el codo. b. A ellos les duele la espalda. c. Ella tiene fiebre. d. A nosotros nos duele la cabeza. e. Ustedes tienen tos. f. Yo tengo dolor de garganta. g. Vosotras estáis mareadas. h. Tú tienes frío.

2. <u>estar</u>: resfriado/a, cansado/a, enfermo/a, mareado/a

<u>tener</u>: frío, acné, sueño, calor, fiebre, tos

<u>doler/tener dolor de</u>: estómago, oídos, muelas, codo, cabeza, espalda, garganta

Para hablar de sensaciones físicas y anímicas usamos el verbo *tener*.

Para expresar dolor usamos el verbo *doler* o *tener dolor* de + parte del cuerpo.

Para expresar un estado físico o de ánimo causado por una situación, usamos el verbo *estar*.

3. a. Mi primo <u>está triste</u>, porque su equipo ha perdido el partido. b. Ellos <u>están enamorados</u>, por eso quieren estar juntos todo el tiempo. c. Sara y yo <u>estamos enfadados/as</u> con Ana, porque nunca nos llama para ir a patinar. d. Hoy todos <u>estamos</u> muy <u>nerviosos</u>. Han puesto un examen sorpresa y no era fácil. e. Jaime, ¿<u>estás</u> <u>contento</u>? Por fin has ganado el campeonato de ajedrez. ¡Enhorabuena! f. <u>Estoy preocupado/a</u>. Mi madre ha estado enferma toda la semana y aún no se encuentra bien.

4. a. Voy a tomarme una pastilla, porque *tengo* dolor de cabeza. b. Si corremos mucho tiempo, *nos van a doler las rodillas*. c. No les gusta la primavera porque *tienen* alergia al polen. d. Se ha caído del patín y *tiene* una herida en la muñeca. e. No va a ir a clase hoy, porque *está* mareada. Ha vomitado. f. Debes ir al dentista cuando *te duelen* las muelas.

5.

a. –Estoy enfadado con mis hermanos. Siempre hacen trampas cuando jugamos a videojuegos.

–Yo en tu lugar <u>hablaría</u> con ellos, para decirles que, si siguen haciendo trampas, dejarás de jugar.

b. –Mañana tengo una cita con alguien que me gusta.

–Entonces, deberías <u>ducharte</u> y <u>ponerte</u> ropa bonita.

c. –No sabemos jugar al ajedrez.

–Podríais <u>apuntaros</u> a un curso. Hay muchas escuelas donde os pueden enseñar.

d. –Este verano vamos a hacer un curso de surf en el norte de España.

–Te aconsejo que <u>tengas</u> paciencia. Al principio no es fácil.

e. –Queremos hacer una excursión por el campo, pero ha empezado a llover.

–¿Por qué no <u>jugáis</u> a algún juego de mesa en casa?

f. –Mi mejor amigo está enfadado conmigo y no sé por qué.

–Lo mejor es <u>hablar</u> con él o <u>enviar(le)</u> un mensaje. Debes arreglar la situación.

Podrías/tendrías que/debes/deberías + <u>infinitivo</u>

Lo mejor + <u>indicativo</u> o condicional

Yo que tú/Yo en tu lugar + <u>condicional</u>

Te aconsejo que + <u>subjuntivo</u>

¿Por qué no + <u>indicativo</u>?

6. Posibles respuestas: a. Deberíais quitaros la ropa/poneros un bañador; b. ¿Por qué no apagas el móvil? Ya es de noche; c. Yo en tu lugar, saldría de casa para dar un paseo.

7.

me da	tengo	me pongo	estoy
asco	pena	triste	enfadado/a
pena	frío	alegre	triste
alegría	calor	nervioso/a	alegre
vergüenza	miedo	histérico/a	nervioso/a
rabia	hambre	furioso/a	histérico/a
miedo	sed		preocupado/a

Para expresar sentimientos, emociones y sensaciones en español se usa:
a. Me da + *sustantivo*   c. Me pongo + *adjetivo*
b. Tengo + *sustantivo*   d. Estoy + *adjetivo*

8.
a.
Jorge: Hola, Fran. ¿Te pasa algo? No tienes buena cara.
Fran: Estoy muy preocupado. Hace dos días que no encuentro mi móvil nuevo.
Jorge: ¿En serio? ¿Ya lo saben tus padres?
Fran: Todavía no. Tengo miedo. Seguro que se enfadan.
b.
Luis: Rober, ¿todo bien? Estás rojo.
Rober: Es que he visto a la persona que me gusta. Quería hablar con ella, pero…
Luis: ¡Vaya! ¿Te da vergüenza?
Rober: Sí. Me pongo muy nervioso en esas situaciones.
Luis: ¿Por qué no le escribes un mensaje?
c.
Lola: Hola, Javier, ¿qué tal estás? ¿Qué tal en el club de fútbol?
Javier: Genial. Por fin, tenemos una nueva compañera, así que estamos muy contentos.
Lola: ¿De verdad? ¡Qué bien!
Javier: Sí. Estábamos preocupados, porque faltaban jugadores. Ahora el entrenador y todo el equipo estamos felices.
Lola: Me alegro.

9. Posibles respuestas: a. Me da mucho miedo. b. Me encanta. c. Me da asco. d. Estoy alegre/feliz. Tengo mucho calor. e. Tengo hambre. f. Me pongo/Estoy contento/emocionado. g. Estoy alegre/feliz. h. Me da asco y vergüenza. i. Me pongo/Estoy nervioso.

10. Respuesta libre.

11. a. amable amablemente; b. difícil difícilmente; c. especial especialmente; d. exacto exactamente; e. feliz felizmente; f. frecuente frecuentemente; g. igual igualmente; h. lento lentamente; i. normal normalmente; j. principal principalmente; k. rápido rápidamente; l. triste tristemente.

12. Posibles respuestas: a. Tristemente, las personas tiran la basura en la playa. b. Normalmente, esta chica va al instituto en patinete. c. El tren permite desplazarse rápidamente. d. Quedan frecuentemente para verse y jugar al baloncesto. e. Felizmente, han estudiado mucho para este examen. f. Como hace calor, estas amigas han quedado especialmente para tomar un helado.

13. La higiene a lo largo de la historia
Agua caliente, jabones, cremas, etc. A la hora de bañarnos, tenemos muchas opciones. Sin embargo, no siempre ha sido así.
Las civilizaciones antiguas ya desarrollaban/desarrollaron diferentes prácticas para mantener limpio el cuerpo y prevenir enfermedades. Por ejemplo, los egipcios creían que el agua purificaba el cuerpo y el alma. Por eso, los faraones tenían baños privados y utilizaban aceites perfumados. Los chinos pensaban que el agua cuidaba la armonía entre el yin y el yang. Por eso, los baños de vapor y las saunas eran muy populares. También los romanos, con sus acueductos, transportaban agua para beber, lavarse, etc.
Sin embargo, en Europa, en la Edad Media, muy poca gente se bañaba, porque se pensaba/pensaban que el agua no era buena para la salud. Por ejemplo, el rey Luis XI de Francia (1423-1483) se bañó una sola vez en su vida, porque le obligó su médico. En lugar de bañarse, utilizaban perfumes para el mal olor. Afortunadamente, durante el Renacimiento, descubrieron la importancia de la higiene y la limpieza y empezaron a aparecer los baños públicos en las ciudades.

A finales del siglo XVIII, se construyeron los primeros cuartos de baño, que eran lugares de descanso y de vida social. Incluso era habitual recibir a los amigos en la bañera. La higiene personal era un signo de distinción social, y las clases altas dedicaban mucho tiempo y dinero al cuidado personal.

La historia de la higiene y el aseo personal es tan diversa como las culturas y siempre ha sido una parte fundamental de la vida humana, no solo por razones de salud, sino también por su importancia en la vida social y espiritual.

Ha sido: usamos el pretérito perfecto compuesto para hablar de acciones terminadas, pero que están dentro del tiempo presente. La idea de esta frase es que la higiene, a lo largo de la historia, ha sido diferente, y aún estamos dentro de la historia; desarrollaban/desarrollaron: en este caso, ambos tiempos son correctos. Si pensamos que es una descripción, usaremos el pretérito imperfecto. Si lo consideramos como algo puntual (el periodo de las antiguas civilizaciones, que ya ha terminado), usaremos el pretérito perfecto simple; creían, purificaba, tenían, utilizaban, pensaban, cuidaba: aquí se habla de acciones habituales en el pasado, por lo que el uso correcto es el imperfecto; eran: en este caso, se está describiendo algo en pasado, por lo tanto usaremos el pretérito imperfecto; transportaban: se está hablando de una situación que sucedía de forma habitual; se bañaba/se pensaba, pensaban/era: son acciones habituales en el pasado, por eso se usa el imperfecto; se bañó, obligó: estas acciones son puntuales (una sola vez), por eso van en pretérito perfecto simple; utilizaban: utilizamos el pretérito imperfecto porque se trata de una descripción; descubrieron/empezaron: estas dos acciones están dentro de una época pasada (el Renacimiento), que no tiene relación con el presente; se construyeron: por la misma razón que antes, la acción está dentro de un periodo de tiempo terminado (siglo XVIII), por lo que usamos el pretérito perfecto simple; eran: aquí se está describiendo algo, por lo tanto, usamos el pretérito imperfecto; era, era, dedicaban: por la misma razón que en el caso anterior, usamos el pretérito imperfecto; ha sido: aquí usamos el pretérito perfecto compuesto para expresar acciones terminadas, pero que están dentro del tiempo presente (hasta ahora).

14. Corrección de errores

a. Me duele mucho la cabeza. Mi salud no es buena. Cuando hablamos de partes del cuerpo, no utilizamos los posesivos (*mi, tu, su*, etc.,), sino los artículos (*el, la, los, las*). Con el verbo *ser* utilizamos *bueno/buena*, pero nunca *bien*.

b. Después de desayunar, se lava los dientes y se viste para ir a clase. La expresión de tiempo *después de* va seguida de un infinitivo (*desayunar*). En esta frase hablamos de una persona que hace cosas para sí misma, por eso hay que usar los verbos reflexivos (*bañarse, vestirse*).

c. Me encanta patinar con mis amigos el sábado por la mañana. El verbo *encantar* funciona como *gustar*, por lo tanto, lo correcto es decir *me encanta* (*me encanto = me gusto mucho a mí mismo*). Para hablar de los días de la semana, usamos el artículo *el/los* (*el sábado*).

d. Muchas veces me quedo en casa con mi padre para ver el fútbol. Para expresar posesión o pertenencia, usamos los pronombres posesivos (*mío, tuyo, suyo*, etc.) después del nombre. Concuerdan en género y número con el objeto poseído (no con el poseedor). Cuando van delante del nombre, tenemos que usar los adjetivos posesivos *mi, tu, su*, etc. (mi padre). Ver el fútbol es una finalidad, por lo tanto, hay que usar *para*.

e. Gastar mucha agua no es bueno para el planeta ni para el medioambiente. La palabra *agua* es femenina, por lo tanto, la forma correcta es *mucha*. Con el verbo *ser* utilizamos *bueno/buena*, pero nunca *bien*.

f. No me acuerdo a qué hora era el partido de tenis. El verbo *recordar* no lleva los pronombres *me, te, se, nos, os, se*, por lo tanto, *me recuerdo* es incorrecto. Para hablar de horas, usamos el verbo *ser*.

g. No creo que sea bueno ducharse todos los días. Con el verbo *estar* usamos *bien/mal*. Con *ser* usamos *bueno/malo* para expresar que algo es bueno para la salud. En este caso, va en subjuntivo porque es una frase negativa con un verbo de pensamiento (*creer*).

h. Después del entrenamiento, estamos muy cansados. El adjetivo *cansados* indica un estado puntual o temporal producido por algo (el entrenamiento), por eso va con el verbo *estar*.

i. Hoy hemos conocido a otro/un entrenador nuevo. Nos gusta mucho. La construcción *un otro* no es correcta. Se puede decir *otro* entrenador nuevo o *un* entrenador nuevo. Aquí se está hablando del entrenador, por eso lo correcto es decir *nos gusta* (el entrenador gusta a nosotros). Usamos el tiempo presente, porque lo que se dice es un hecho, y ese es uno de los usos del presente.

j. Mañana, sábado, hemos quedado a la una para ir a jugar al ajedrez. El pretérito perfecto compuesto de *quedar* es *hemos quedado* (*quedando* es gerundio). Para hablar de horas, usamos el plural (*las dos, las tres*, etc.), excepto con *una*, ya que es singular (*la una*).

15. Uso de preposiciones

a. Mis amigos y yo hemos ido al gimnasio a las 17:00 para entrenar. Cuando la preposición *a* (ir a) se une a *el* (gimnasio), tienen que formar una palabra, *al* (a + el = al). Al hablar de finalidad (entrenar) se usa *para*.

b. Necesito una raqueta nueva <u>para</u> jugar. La mía está rota. *Jugar* es la finalidad, por eso va con *para*.

c. Se lava el pelo <u>por</u> las mañanas <u>con</u> un champú <u>de</u> camomila. Para indicar las partes del día, es habitual *por*. Cuando hablamos de un instrumento o una cosa (el champú) que usamos para hacer algo, usamos *con*. Cuando queremos especificar algo, usamos la preposición *de*. En este caso especificamos que el champú es de camomila (contiene camomila).

d. Estaremos <u>en</u> la biblioteca <u>hasta</u> terminar los ejercicios. Usamos la preposición *en* para indicar la ubicación (la biblioteca) y, cuando queremos indicar el límite de algo, en este caso en relación con el tiempo (terminar los ejercicios), usamos *hasta*.

e. Después del torneo volvió <u>a</u> casa y se tumbó <u>en</u> el sofá. La preposición *a* se usa con verbos de movimiento (volver) para indicar destino (casa) y utilizamos *en* para indicar lugar (el sofá).

f. Hoy ha estado caminando <u>desde</u> las nueve <u>hasta</u> las doce. *Desde… hasta* se usa para indicar el momento en el que se inicia la acción (las nueve) y el límite final de ese momento (las doce).

g. ¿Estás estresado <u>con</u> los exámenes? Entonces toma clases <u>de</u> yoga. En este caso, la preposición <u>con</u> tiene un sentido causal (por causa de los exámenes). Para especificar algo, usamos la preposición *de* (clases de yoga, no de otra cosa).

h. Siempre sueño <u>con</u> ser deportista <u>de</u> élite. El verbo *soñar* va acompañado de *con*. Igual que en el ejemplo anterior, usamos *de* para especificar (deportista de élite).

i. ¿<u>Con</u> quién vas a ir <u>a</u> clases de surf? Otro de los usos de *con* es expresar compañía (en este caso preguntamos por la compañía, *con quién*). Usamos *ir a* para hablar de dirección o destino (clases de surf)

j. Hasta mañana, y gracias <u>por</u> todo. La fórmula adecuada para agradecer algo es *gracias por todo*.

FUNCIONES p. 137

1-c. –<u>Estaba</u> preocupadísima. Te he llamado varias <u>veces</u> y no contestabas.
–Es que no me encontraba <u>bien</u> y he apagado el móvil.

2-a. –Le da vergüenza que <u>la</u> vean con ese color de pelo.
–¿<u>Por qué</u> no va a la peluquería <u>para</u> cambiárselo?

3-b. –No podíamos <u>más</u>. <u>Estábamos</u> muy cansados de andar.
–La próxima vez informaos <u>mejor</u> de la ruta.

4-a. –Carlos, por favor, <u>lávate</u> los dientes <u>antes de</u> acostarte.
–¡Ay! Es que tengo <u>mucho</u> sueño.

5-b. –Me <u>duelen</u> mucho las muelas. Estoy un poco asustada.
–No <u>deberías</u> tomar <u>tantos</u> dulces.

6-a. –Nos <u>preocupa</u> ir de *camping* con Sara: es que le <u>dan</u> miedo los insectos.
–Tendrías que hablar con ella y <u>explicarle</u> los planes del viaje.

7-c. –¡Chicas, tened <u>cuidado</u> con esa crema solar! He leído que no es <u>buena</u> para la cara.
–Lo mejor será consultar con un especialista, ¿no <u>crees</u>?

8-b. –Chicos, cuando <u>terminéis</u> los ejercicios de gimnasia, <u>avisadme</u>.
–Profe, tenemos <u>mucho</u> calor. Necesitamos descansar.

1-c. *Estaba* acompaña al superlativo *preocupadísima* para indicar un estado temporal de una persona. La opción a, no es correcta, porque para expresar estado no se puede usar el verbo *ser*. La opción b, *horas*, es incorrecta, y la opción a, *ocasiones*, necesita *en* para ser correcta (*te he llamado en varias ocasiones*). Se dice *encontrarse bien/mal*, porque se habla de un estado físico o anímico.

Expresar miedo, ansiedad, preocupación y vergüenza
Nos da miedo que vayas solo.
<u>Estaba preocupadísima.</u>
<u>Le da vergüenza que la vean…</u>
<u>Estoy un poco asustada.</u>
<u>Nos preocupa ir de *camping* con Sara.</u>
<u>Es que le dan miedo los insectos…</u>

Expresar sensaciones físicas
¡Qué fría está el agua de la piscina!
<u>No me encontraba bien.</u>
<u>Estábamos muy cansados de andar.</u>
<u>¡Ay! Es que tengo mucho sueño.</u>
<u>Me duelen mucho las muelas.</u>
<u>Tenemos mucho calor.</u>

Dar una orden o instrucción
Tienes que llevar esto al entrenador.
<u>La próxima vez, informaos mejor…</u>
<u>Por favor, lávate los dientes antes de acostarte.</u>
<u>Cuando terminéis los ejercicios de gimnasia, avisadme.</u>

Aconsejar y advertir
Es necesario hacer ejercicio todos los días.
<u>¿Por qué no va a la peluquería…?</u>
<u>No deberías tomar tantos dulces.</u>
<u>Tendrías que hablar con ella…</u>
<u>Lo mejor será consultar con…</u>
<u>¡Chicas, tened cuidado con esa crema solar!</u>

2-a. El verbo *ver* va siempre con un objeto directo de cosa (*ver algo*) o de persona (*ver a alguien, lo veo, la veo*). Para preguntar por la causa de algo, usamos *por qué* (separado y con tilde), con lo cual la opción c no es correcta. Para indicar la finalidad de algo (cambiarse el color del pelo) empleamos *para*, con lo cual b y c no son correctas.

3-b. La palabra *más* solo se escribe sin tilde cuando puede sustituirse por *pero*, y esto no tiene sentido, con lo que la opción c no es correcta. Al ser una descripción de un estado, se usa el pretérito imperfecto, con lo cual, la opción a no es correcta. Por el contexto, el adjetivo que tiene sentido en esta frase es *mejor*.

4-a. Para hablar de acciones reflexivas, se usan verbos reflexivos (*lavarse, vestirse, peinarse*, etc.). Así, las opciones b y c no son correctas. Lo lógico es *lavarse los dientes antes de acostarse* y no *después. Lavarse los dientes al acostarse* significa que se los lava mientras se acuesta y eso es un poco raro. Se puede decir *tengo bastante sueño*, pero la opción c hemos visto que no es correcta.

5-b. *Doler* tiene que ir en plural, ya que *las muelas* está en plural, con lo que la opción a no es posible. Para aconsejar, lo normal es usar un condicional (*deberías, tendrías*), pero, como la opción a no es correcta, *deberías* es lo adecuado aquí. *Dulces* es masculino plural, con lo que tiene que ir acompañado del adjetivo *tantos*, que indica cantidad.

6-a. *Preocupar* es un verbo que funciona como *gustar* (*preocupar algo a mí = me preocupa*), que está en singular cuando va con un infinitivo, por eso las opciones b y c no son correctas. Para expresar miedo, se usa *dar* + sustantivo. Este verbo también funciona como *gustar*, por eso va en plural (*los insectos*) y en presente, porque se refiere a algo real habitual (*le dan miedo siempre*), lo que tiene que ir en plural (*dan*, porque se refiere a los insectos). Para aconsejar, usamos *tendrías* seguido de infinitivo. La opción b no puede ser, porque *a ella* es objeto indirecto (explicarle).

7-c. La expresión correcta para advertir de algo es *tener cuidado*, en este caso en imperativo. Las opciones a y b no son correctas. Después del verbo *ser* no puede ir el adverbio *bien*. Para confirmar una opinión mediante una pregunta, se usa *¿no crees?*

8-b. Usamos *cuando* seguido de subjuntivo para hablar de algo futuro, como en este caso, con lo que las opciones a y c no son correctas. El imperativo de la persona *vosotros* es *avisadme*. *Calor* es una palabra masculina, por lo que la opción a no es posible.

Prueba 1. Comprensión de lectura
Tarea 1, p. 138

La opción correcta es **0-C**. Susana busca un deporte adecuado a sus problemas físicos y está interesada en el bienestar y la salud y el anuncio C es el único que ofrece hacer ejercicios beneficiosos para todo el cuerpo, es decir, beneficioso para la salud.

La opción correcta es **1-D**. Alberto quiere hacer algún deporte relacionado con el agua, aunque no tiene nivel, es principiante y el anuncio D propone hacer surf, un deporte acuático. Además, dice que tiene todos los niveles, es decir, hay clases para principiantes.

La opción correcta es **2-B**. Carmen no sabe qué deporte es el más adecuado para ella y quiere informarse sobre ese tema y el anuncio B le ofrece un taller para que aprenda a elegir el deporte más adecuado para ella y que lo practique correctamente.

La opción correcta es **3-J**. A Luisa le encanta patinar, tiene un buen nivel y no quiere dar clases y el enunciado J le ofrece hacer lo que más le gusta colaborando con una ONG y patinando por la ciudad.

La opción correcta es **4-F**. A Lidia le encantan los deportes en el agua, pero tiene problemas en una pierna, con lo cual tiene una discapacidad y el anuncio F ofrece clases de natación adaptadas a las necesidades de los alumnos que tienen alguna discapacidad.

La opción correcta es **5-G**. Enrique quiere perfeccionar su nivel en el ajedrez, aprender cosas nuevas (trucos y teorías) y participar en campeonatos y el anuncio G se adapta a lo que él busca, clases de teoría y práctica para niveles avanzados y posibilidad de participar en torneos (competiciones).

La opción correcta es **6-H**. Francisco ha cambiado de residencia y ahora no puede ir a la escuela de tenis a la que iba antes, pero quiere seguir mejorando su nivel y busca clases particulares y en el anuncio H se ofrecen clases de tenis para todos los niveles y puede ir con sus hermanos donde necesiten.

Tarea 2, p.140

La opción correcta es **7-A**. Marc dice: *Me he caído más de 180 veces, una de ellas a más de 300 km por hora*.

La opción correcta es **8-B**. María dice que el atletismo siempre ha formado parte de su vida, pero que al principio, no le gustaba, prefería el *ballet*.

La opción correcta es **9-A**. Marc dice que sale a correr con su hermano, es decir, un familiar.

La opción correcta es **10-C**. Lamine dice que cuando era un bebé, su familia ganó un concurso, y que el premio era fotografiarse con Messi.

La opción correcta es **11-C**. Lamine dice que le encanta jugar a Fortnite y FIFA que son videojuegos.

La opción correcta es **12-C**. Lamine dice que sus nombres son árabes y que significan *honesto* y *belleza*: son dos nombres.

Tarea 3, p. 141

La opción correcta es **13-B**. Según el texto, en nuestro país, España, *los jóvenes cada vez dedican menos tiempo a las actividades deportivas*, es decir, cada vez se practica menos ejercicio físico. La opción A no es correcta porque la afirmación es lo contrario a la opción B. La opción C tampoco es correcta porque el texto afirma que durante el tiempo libre se prefiere estar delante de las pantallas de televisión, ordenador o móvil.

La opción correcta es **14-B**. Según la encuesta a la que se refiere el texto, el 8 % de los niños no hace deporte frente a un 16 % de las niñas, es decir, los chicos hacen más deporte. La opción A no es correcta porque el 12 % se refiere tanto a niños como a niñas, no solo a niñas. La opción C tampoco es correcta, la encuesta no habla de ver la tele, sino de hacer ejercicio o actividad física.

La opción correcta es **15-A**. En el texto se afirma que la inactividad física, es decir, el no hacer ejercicio, supone un riesgo para la salud física y psíquica, es decir cuerpo y mente. La opción B no es correcta, en el texto se afirma lo contrario, se dice que la práctica regular de ejercicio ayuda a prevenir enfermedades cardiovasculares (las que están relacionadas con el corazón). Por otro lado, no se habla de hacer mucho deporte. La opción C tampoco es correcta, el texto no afirma que la adolescencia sea una etapa o edad arriesgada para el deporte, sino que es una etapa de riesgo porque se puede consolidar la inactividad (el no hacer deporte) y eso sí puede ser un riesgo para la salud.

La opción correcta es **16-A**. El texto afirma que *dos de cada diez chicos y una de cada diez chicas tiene sobrepeso*. Esos datos demuestran que es elevado el porcentaje, ya que se sitúa en un 20 % para los chicos y un 10 % para las chicas. Además, añaden que ha aumentado el porcentaje de chicas con sobrepeso u obesidad en los últimos 15 años. La opción B no es correcta, el texto afirma que el número de chicos que hace dieta ha aumentado, pero no se dice que es por causa del aspecto físico ni que son pocos. La opción C tampoco es correcta, en ningún momento el texto afirma que el porcentaje de chicos y chicas viven en riesgo continuo.

La opción correcta es **17-B**. La Asociación Española de Pediatría aconseja hacer actividades cotidianas como subir siempre por las escaleras. La opción A no es correcta, la Asociación Española de Pediatría no aconseja hacer una hora de ejercicio diario como máximo, sino como mínimo, es decir, hay que hacer ejercicio más de una hora. La opción C tampoco es correcta, el consejo de la Asociación Española de Pediatría es que es bueno montar en bici, pero no dice que haya que hacerlo todos los días.

La opción correcta es **18-A**. En general, en todo el texto se recomienda hacer ejercicio, pero además, se aconseja comer *de forma variada y equilibrada*, es decir, de forma sana. Se trata de combinar ejercicio con dieta equilibrada. La opción B no es correcta, el texto dice que es preferible (es una recomendación) hacer actividades divertidas y al aire libre en grupo, pero no dice que haya que hacerlo siempre. La opción C no es correcta, en caso de tener una enfermedad crónica o una discapacidad (enfermedad importante) dicen que una actividad física adaptada a cada situación mejora el estado de salud de estas personas por lo que no recomiendan no hacer deporte, sino tener una actividad adaptada.

Tarea 4, p. 143

La opción correcta es **19-C**. *Qué* es un pronombre interrogativo que se utiliza para preguntar algo sin identificarlo, es una pregunta general. La opción A no es correcta, porque *cuáles* se utiliza para identificar o elegir algo entre varias cosas de un mismo grupo y aquí no es el caso. La opción B no es correcta, porque *cuál* se usa de la misma manera que *cuáles*, pero además está en singular y le sigue un sustantivo en plural.

La opción correcta es **20-B**. Una de las conjunciones adversativas (sirven para corregir una información que se ha dado) que existen es *sino*. Cuando la oración es negativa o se quiere negar la primera parte de la oración, la estructura correcta es *no (solo)..., sino*. La opción A no es correcta, ya que *pero* no se usa para negar, corregir o contradecir una información anterior, solo presenta un contraste. Lo mismo ocurre con la opción C.

La opción correcta es **21-B**. En este caso, *cada* se usa para referirse a los individuos de un grupo de uno en uno, en este caso a los miembros de la familia. La opción A no es correcta, *todos* está en plural y necesitaría ir seguido de un plural y aquí no es el caso, y además necesitaría llevar el artículo *los* detrás (todos los miembros). La opción C no es correcta, *un* se refiere a *un solo miembro de la familia* y el contexto indica que se está refiriendo a todos, no solo a uno.

La opción correcta es **22-C**. *Es recomendable que* debe ir seguido de subjuntivo y *tenga* es un subjuntivo. Las opciones A y B no con correctas, *tiene* está en indicativo y *tener* es un infinitivo.

La opción correcta es **23-C**. *Al menos* es un sinónimo de *como mínimo* y esto es lo que indica la frase. Las opciones A y B no son correctas, *a menos* significa *excepto* y no tiene sentido en este contexto. *Más de* tampoco puede ser, pues en la frase solo se dice *dos veces por día* y esto es como mínimo y *más de* significa más de esas dos veces.

La opción correcta es **24-A**. Uno de los usos de *por* es el de cambio y este es el sentido que tiene aquí, cambiar un cepillo por otro. La opción B no es correcta porque la oración no tiene un sentido de finalidad. C tampoco puede ser porque no se puede decir que *se cambia una cosa con otra*.

La opción correcta es **25-B**. *Las de* se refiere a *las uñas de*, y es la misma estructura que hay en la primer parte de la oración, pero se ha eludido *uñas*. La opción A no es correcta, porque *uñas* es una palabra femenina. La opción C tampoco es correcta, *las que* es un pronombre relativo que introduce una información adicional a algo que se ha dicho y necesita ir seguida de un verbo.

Prueba 2.   Comprensión auditiva

53 - 60 Tarea 1, p.144

La opción correcta es **0-B**. La chica dice al final de la conversación: *Pues le diré a mi padre que lo compre. A mi madre esas cosas le encantan.* Y se están refiriendo a un masaje para dos personas que es lo que el chico dice que regaló una vez a sus padres. La opción A no es correcta, durante la conversación se mencionan los bombones, pero el chico solo dice que a sus padres les invitaron a bombones al final del masaje. La opción C tampoco es correcta, la chica dice que pensaba regalarle un bolso, pero comenta que ya tiene muchos, así que esa no es la opción elegida.

La opción correcta es **1-C**. Durante la conversación la madre le pide a la chica que pase por la farmacia para comprar el jarabe para su hermano porque ella no puede salir. Las opciones A y B no son correctas, la madre dice que hay que comprar aspirinas y tiritas porque no quedan, pero no son para el hermano.

La opción correcta es **2-A**. El chico dice que él y su amigo Antonio se van a apuntar a clases de pádel, así que ese es el deporte que van a practicar. La foto A representa una raqueta de pádel. La opción B no es correcta, el chico dice que no le gusta nadar, así que no va a practicar ese deporte. La opción C tampoco es correcta, Marta es la persona que quiere apuntarse a patinaje, no los chicos.

La opción correcta es **3-B**. La chica dice que no ha dormido y que tiene dolor de cabeza. Las opciones A y C no con correctas, del dolor de espalda no se dice nada y es al chico al que le duele el estómago durante la época de exámenes, no a ella.

La opción correcta es **4-C**. La chica dice que tiene que comprar un cepillo de dientes para su hermana porque el que tiene está muy viejo. Las opciones A y B no son correctas, porque, aunque la chica dice que tiene que comprar champú y gel de ducha, no son para su hermana.

La opción correcta es **5-B**. La chica quiere hacer una actividad de baile y cuando la señora le explica lo que es la zumba, ella dice: *Sí. Eso es lo que quiero*. Y después hablan de empezar ya el lunes, con lo cual esa es la actividad que ha elegido. La opción A no es correcta porque cuando la señora le explica qué es el *kick boxing*, una mezcla de boxeo y artes marciales, ella dice que no le gusta luchar. La opción C tampoco es correcta, la señora le explica que la zumba es una mezcla de aerobic con ritmos latinos, pero no le ofrece clases de bailes latinos.

La opción correcta es **6-A**. Tanto la chica como el chico son celiacos. Entonces el chico dice que no pueden *tomar alimentos con gluten como el pan, las galletas, la pasta...* Las opciones B y C no son correctas, el chico dice que sí pueden tomar frutas. Las verduras no se mencionan. Dice también que pueden tomar leche y queso.

La opción correcta es **7-C**. La chica dice: *Mi hermano se ha roto un brazo, el izquierdo*. Las opciones A y B no son correctas, la rodilla no se menciona, y es el otro chico el que se ha roto una pierna.

61 Tarea 2, p. 146

La opción correcta es **0-A**. En el mensaje la chica dice que ese día no va a ir a clase y que su madre piensa que es mejor que se quede en casa, así que no va a salir de casa.

La opción correcta es **8-I**. En el mensaje la persona que habla dice que en el barrio han abierto un gimnasio, que tiene muchos aparatos y una piscina olímpica, con lo cual allí se puede nadar.

La opción correcta es **9-G**. El mensaje informa de que en la sección de droguería hay ofertas y una de ellas es que si compras un champú para cabello rubio, te regalan otro igual, es decir, compras dos, pero pagas solo uno.

La opción correcta es **10-D**. En el mensaje se informa de un menú en un restaurante vegetariano por un precio de 15 €. Al final se dice: *Bebida no incluida*, es decir, se paga aparte, no entra en el precio del menú.

La opción correcta es **11-J**. En el mensaje se habla de la importancia de comer bien, con moderación, de hacer ejercicio, de dormir, es decir, consejos para una vida sana.

La opción correcta es **12-C.** En el mensaje se dice literalmente: Para saber más, compra ya nuestro libro *Alimentos de temporada*, es decir, anuncian un libro sobre alimentos.

La opción correcta es **13-F.** El mensaje comienza diciendo: *Para cepillarse correctamente los dientes*, es decir, se dan una serie de instrucciones para tener los dientes limpios, pues cepillarse los dientes es sinónimo de *limpiarse los dientes.*

⌐62⌐ Tarea 3, p. 146

La opción correcta es **0-B.** Andrea dice que viene del gimnasio y que ese día (hoy) el profesor se ha pasado un poco, que la clase ha sido superfuerte, es decir, ha hecho mucho ejercicio ese día.

La opción correcta es **14-C.** Durante la conversación tanto Andrea como Enrique hablan de hacer deporte y ninguno de ellos menciona que no le guste.

La opción correcta es **15-B.** Andrea dice que el judo era su deporte favorito, pero después de la lesión en el brazo lo tuvo que dejar, con lo cual ha tenido un problema importante en el brazo.

La opción correcta es **16-A.** Enrique dice que debido a un problema de espalda, va a una escuela especial dos veces por semana.

La opción correcta es **17-A.** Cuando Andrea pregunta a Enrique si va solo a la escuela donde hace los ejercicios para la espalda, él contesta que no, que va con Roberto, *un amigo del barrio*, con lo cual hace ejercicio con un amigo.

La opción correcta es **18-C.** Ninguno de los dos paga menos por hacer ejercicio, Enrique dice que paga igual que todos. El que paga menos es Roberto, el amigo de Enrique, porque su hermano trabaja en esa escuela.

La opción correcta es **19-B.** Cuando Andrea propone quedar para jugar al pádel o al bádminton, Enrique le dice que él hablará con Roberto y que ella hable con su prima, es decir, un miembro de su familia.

⌐63⌐ - ⌐65⌐ Tarea 4, p. 147

Primera noticia:

La opción correcta es **20-C.** En la noticia se dice literalmente: *A la hora de pensar en que un adolescente realice algún tipo de deporte o ejercicio físico hay que ver cuál es el más adecuado a su edad,* es decir, debe practicar deporte según su edad. La opción A no es correcta, no se dice que los adolescentes deban practicar deporte de competición, y en este sentido se añade que se desaconsejan las competiciones hasta los 13 años. La opción B tampoco es correcta, en la noticia no se habla de deporte saludable o no, solo se aconseja practicar deporte en las circunstancias adecuadas tanto de edad como en el caso de padecer alguna enfermedad.

La opción correcta es **21-B.** La noticia dice que, además de practicar un deporte individual, sería bueno practicar uno colectivo (en equipo), ya que este *enriquece y mejora a la persona, aprendiendo valores,* es decir, mejora los valores personales. La opción A no es correcta, lo que no se recomienda a los menores de 13 años son las competiciones, no la práctica de ejercicio. La opción C tampoco es correcta, no se afirma tal cosa, se dice que enfermedades como la diabetes o algún problema de corazón son factores de riesgo.

Segunda noticia:

La opción correcta es **22-A.** En la noticia se dice que *los jóvenes deberían tomar menos bebidas azucaradas*, lo que significa que consumen demasiadas. La opción B no es correcta, no se dice que las bebidas azucaradas *siempre* causen obesidad, sino que *pueden contribuir* a la obesidad. La opción C tampoco es correcta, en la noticia se afirma que hay que *beber cantidades limitadas de zumos de frutas 100 % naturales*, y reducir el consumo de bebidas gaseosas, es decir, refrescos.

La opción correcta es **23-B.** La noticia afirma que *no hay que descuidar ninguna comida, pero especialmente el desayuno, pues es la comida más importante del día sobre todo en el caso de los adolescentes.* La opción A no es correcta, la noticia afirma que *no hay que descuidar ninguna comida,* y que hay que desayunar, porque *el organismo necesita reponer combustible para tener energía*, pero no dice que aporte la energía necesaria para todo el día, se necesitan las otras comidas. La opción C tampoco es correcta, la noticia no dice que los adolescentes (todos) vayan al instituto sin desayunar, lo que dice que es que *un 30 % de los adolescentes se salta el desayuno,* es decir, un tercio.

Tercera noticia:

La opción correcta es **24-B.** La noticia afirma que *una correcta higiene es fundamental (…) para mantener una buena salud*, es decir, es imprescindible. La opción A no es correcta, al principio de la noticia se dice que *la higiene corporal es fundamental también por razones estéticas* y más adelante se afirma que *la imagen personal es importante y una buena higiene es imprescindible para mantenerla*. Con lo cual es *muy importante* en vez de *aconsejable* y además no es solo para la imagen, sino para la salud. La opción C tampoco es correcta, en ningún momento se habla de alimentación e higiene corporal.

La opción correcta es **25-C**. La noticia afirma que *el organismo de los adolescentes está en plena transformación. En su cuerpo comienzan a tener lugar nuevos procesos hormonales,* es decir, es una etapa de cambios físicos. La opción A no es correcta, en el texto se afirma que *los adolescentes a veces se olvidan de la ducha y no siempre se acuerdan de cepillarse los dientes*, lo cual no significa que no cuiden su higiene personal habitualmente, sino algunos aspectos de ella y solo a veces. La opción B tampoco es correcta, en el texto se dice que *no siempre se acuerdan de cepillarse los dientes*, es decir, más bien lo contrario.

Examen 6
Viajes, naturaleza y medioambiente

LÉXICO p. 156 y 157

1.

Hotel Cuatro vientos
Vistas al mar
Habitaciones dobles con baño
Media pensión
¡Reserva ya, últimas plazas disponibles!

Camping Miramar
Al lado de la playa
Si no quieres dormir en tienda de campaña
o no tienes, disponemos de cómodos bungalós.

2. a. bañador; b. biquini; c. gorra; d. sombrero; e. gafas; f. toalla; g. arena; h. ola; i. sandalias; j. sombrilla; k. pelota; l. sol.

3. a. Es bueno reservar el billete con mucha antelación, así te saldrá más barato. b. Haz tu maleta con tiempo. Piensa bien lo que debes llevar: no olvides nada importante, pero tampoco te pases, si no quieres pagar por exceso de equipaje. c. Prepara también tu equipaje de mano, piensa en todo lo que vas a necesitar durante el vuelo. d. Presta especial atención a los documentos: el pasaporte, el visado (si lo necesitas) y la tarjeta de embarque, que puedes llevar en el móvil. e. Tienes que llegar con tiempo suficiente al aeropuerto para poder facturar las maletas y pasar los controles de seguridad.

4.

En la maleta	En la mochila	En la bolsa de aseo
biquini, toalla, cazadora, zapatillas de deporte, sandalias, camisetas, pijama, pantalones cortos, vaqueros, blusas, vestidos, ropa interior.	plano, móvil, billete de avión, pasaporte, cartera, gafas de sol.	crema solar, peine, cepillo y pasta de dientes, champú, gel, colonia, desodorante.

5.

Ir al campo, ir a la montaña/playa; ir/irse/salir/marcharse de fin de semana/de excursión/de puente/de vacaciones; ir/irse de marcha; viajar en coche/avión/barco/tren/autobús; viajar en familia/grupo; viajar por trabajo/estudios; hacer turismo; hacer/contratar un viaje organizado/crucero/safari; dar un paseo; pasear por la playa/arena/orilla; pasear por el campo; jugar en/con la arena; subirse al coche/avión/barco/tren/autobús; bajarse del coche/avión/barco/tren/autobús.

6. a-1, 2, 3, 4, 5, 6, 7, 8, 13 y 14; b-2, 3, 4, 10 y 14; c-2, 3, 4, 13 y 14; d-2, 3, 4, 10, 13 y 14; e-2, 3, 4, 10, 13 y 14; f-5; g-7 y 8; h-2, 3, 4, 7, 8, 10, 12, 14; i-7 y 8; j-2, 3, 4, 9, 11, 13 y 14; k-9 y 11; l-7, 8, 9 y 10.

7. a. conducir-3 (No es una actividad que se hace en la playa.); b. saco de dormir-1 (No es un tipo de alojamiento.); c. bosque-4 (No está en el cielo.); d. cocodrilo-5 (No es un mamífero.); e. guía turístico-2. (No trabaja en el hotel.)

P. 158 y 159

8.
a. de negocios; b. de salud; c. de estudios; d. safari; e. crucero; f. de turismo.

9.
río desierto selva montaña
isla bosque lago valle

10.
El ayuntamiento ha anunciado la instalación de nuevos contenedores de reciclaje en todos los barrios de la ciudad.
Los científicos aseguran que el huracán que ha habido en nuestro país es consecuencia directa del cambio climático.
El Ministerio de Educación ha lanzado una campaña para concienciar a los jóvenes de la importancia de proteger el medioambiente.
El Partido Ecologista insiste en la importancia de promover las energías alternativas.
Un experto afirma que, si seguimos consumiendo a este ritmo, pronto agotaremos los recursos naturales.

11. a-3; b-4; c-2; d-1.

12.

☀	Hace sol Está despejado	☁	Nieva Hay nieve Está nevando	🌡	Hace frío
🌧	Llueve	💨	Hace viento	☁	Está nublado
🌡	Hace calor	⛈	Hay tormenta	🌫	Hay niebla

13. Lo que tu mascota dice sobre tu personalidad

¿Escogemos a nuestros animales de <u>compañía</u> según nuestra propia personalidad? Diversas investigaciones han demostrado que la preferencia por los <u>perros</u>, los gatos, o algunas otras <u>especies</u> de animales <u>domésticos</u> puede reflejar diferencias de personalidad.

Así, los dueños de perros suelen ser personas más saludables, con una mejor gestión del estrés. Otro estudio también determinó que quienes tienen perros se deprimían mucho menos, especialmente si los propietarios vivían solos.

Los dueños de <u>gatos</u> tienden a ser aventureros, mucho más creativos, pero también más neuróticos, más ansiosos, introvertidos e inconformistas, y tienen un mayor nivel de inteligencia que los dueños de perros.

Quienes tienen <u>aves</u> (animales con plumas) como mascotas son extrovertidos y expresivos. Además, un estudio publicado en una revista científica descubrió que los propietarios de <u>pájaros</u> hembra mostraban un carácter dominante.

Los propietarios de <u>peces</u> son atractivos, pero a la vez introvertidos. Según un estudio, los dueños de este tipo de <u>mascotas</u> son menos pesimistas y, por otra parte, muestran poco interés por lo material o por los lujos y tienen un espíritu más libre.

Los que eligen animales <u>salvajes</u> como mascotas tienden a necesitar menos a otras personas.

Los propietarios de <u>serpientes</u> o todo tipo de <u>reptiles</u> son personas muy independientes.

GRAMÁTICA p. 160 y 161

1. a. Los científicos <u>sabrán</u> encontrar una solución al calentamiento global. b. El aire <u>estará</u> tan contaminado que la gente <u>saldrá</u> a la calle con mascarilla. c. Los avances médicos <u>harán</u> posible la juventud eterna. d. Tarde o temprano el hombre <u>podrá</u> encontrar un remedio a todas las enfermedes. e. Nunca <u>habrá</u> auténtica justicia en el mundo. f. La población <u>crecerá</u> y no <u>cabrá</u> en la Tierra. g. La gente <u>será</u> físicamente perfecta. h. En el futuro no <u>habrá</u> más guerras y la gente <u>podrá</u> vivir en paz. i. Las desigualdades y las injusticias <u>aumentarán</u>. j. El hombre <u>saldrá</u> de la Tierra y <u>pondrá</u> su pie en otros planetas. k. El agua <u>valdrá</u> más que el oro. l. Los extraterrestres <u>vendrán</u> a la Tierra y <u>traerán</u> la solución a muchos de nuestros problemas.

2.

Infinitivo	1.ª persona del futuro simple	Infinitivo	1.ª persona del futuro simple	Infinitivo	1.ª persona del futuro simple
saber	<u>sabré</u>	haber	<u>habré</u>	poner	<u>pondré</u>
salir	<u>saldré</u>	caber	<u>cabré</u>	decir	diré
hacer	<u>haré</u>	venir	<u>vendré</u>	querer	querré
poder	<u>podré</u>	valer	<u>valdré</u>	tener	tendré

3. *Si* + <u>presente de indicativo, futuro</u>

Posibles respuestas.

a. Si se extinguen más animales y plantas, <u>otros animales y otras plantas morirán.</u> b. <u>Si el aire tiene mala calidad</u>, aumentarán las enfermedades respiratorias. c. Si se acaba el petróleo, <u>habrá que buscar otras fuentes de energía.</u> d. Si aumenta la contaminación del aire, <u>será difícil vivir en las grandes ciudades.</u> e. <u>Si siguen aumentando las temperaturas en la Tierra</u>, se derretirá el hielo de los polos. f. Si el hombre sigue contaminando los ríos, <u>no habrá peces.</u> g. Si no se soluciona el calentamiento global, <u>dejaremos a las futuras generaciones un planeta herido.</u> h. Si usamos energías alternativas, <u>podremos luchar contra el cambio climático.</u>

4. a-3; b-1; c-4; d-2.

5. Posible respuesta. a. ¿Estará/Habrán cancelado nuestro vuelo?; b. El tren tendrá retraso. c. Su billete de metro estará en casa. d. El museo estará cerrado. e. Habrá una manifestación. f. Habrá huelga de las personas que recogen la basura.

6. Me gusta viajar a sitios especiales porque quiero que mis viajes me <u>recuerden</u> experiencias inolvidables que me <u>hagan</u> crecer como persona. Para eso es muy importante encontrar a un buen compañero de viaje. Quiero que <u>sea</u> una persona abierta y tolerante, que <u>piense</u> como yo y que, cuando <u>conozca</u> a gente de culturas diferentes, la acepte tal como es. Espero que <u>tenga</u> la flexibilidad para adaptarse, aunque nuestros planes no <u>salgan</u> como esperábamos, y que <u>pueda</u> tomar con humor los problemas. Me interesa que <u>prefiera</u> ver sitios interesantes a comprar o ir a discotecas. Quiero que <u>sepa</u> disfrutar de la tranquilidad tanto como de la emoción, y que, al igual que yo, <u>quiera</u> conocer sitios únicos.

P. 162 y 163

7.
<u>Infinitivo</u> cuando el sujeto de los dos verbos es el mismo.
<u>Subjuntivo</u> cuando el sujeto de los dos verbos es diferente.

8.
En mi familia estamos pensando ya en las vacaciones de este año, pero no nos ponemos de acuerdo. A mi padre le encanta <u>nadar</u> y por eso prefiere <u>ir</u> a la playa. Pero a mi madre le gusta <u>visitar</u> museos y monumentos, por eso quiere ir a Londres o a Roma. Ella dice que prefiere <u>contratar</u> un viaje organizado, porque es más cómodo, pero mi padre odia <u>que le digan</u> lo que tiene que hacer. Mi hermana mayor prefiere <u>ir</u> con sus amigas del instituto, pero a mis padres les gusta <u>que venga</u>, con el resto de la familia. Además, quieren <u>invitar</u> a mi primo a pasar las vacaciones con nosotros, pero yo no quiero <u>que venga</u>, porque no me llevo muy bien con él. En cualquier caso, todos queremos <u>pasarlo</u> bien.

9. b. Soy bastante generosa. Me encanta <u>hacer</u> regalos. c. Soy un poco miedosa. Cuando salgo de noche quiero que <u>me acompañen</u> mis amigos a casa. d. Soy muy curioso. Me interesa <u>preguntar</u> en la clase de Ciencias. e. Dicen que soy habladora y divertida y la verdad es que me encanta <u>contar</u> chistes. f. Soy bastante reservado. Odio que mis amigos <u>hablen</u> de cosas íntimas.

10. La vida en el futuro
En el futuro, <u>es probable que</u> la vivienda se adapte completamente a las necesidades de sostenibilidad. <u>Quizá</u> vivamos en casas inteligentes que consigan la energía mediante paneles solares y turbinas eólicas. <u>A lo mejor</u> estas viviendas serán modulares, y permitirán a las familias ampliarlas o reducirlas según su situación.
En cuanto al transporte, <u>puede ser que</u> los vehículos autónomos y eléctricos dominen las calles, haciendo más eficiente el tráfico. <u>Tal vez</u> los viajes largos serán realizados en trenes superrápidos, o incluso en sistemas de transporte subterráneos que conecten ciudades en minutos.
La comunicación será aún más instantánea. <u>Posiblemente</u> utilizaremos dispositivos implantados que permitan conectarnos mentalmente con otras personas. <u>Quizá</u> la inteligencia artificial interpretará nuestras emociones, para facilitar interacciones más humanas y empáticas.
En educación, <u>posiblemente</u> las aulas tradicionales desaparecerán. <u>Seguramente</u> los estudiantes aprenderán mediante experiencias virtuales inmersivas, accediendo a conocimientos sin necesidad de desplazarse.
En el ámbito de la salud, <u>posiblemente</u> las enfermedades graves desaparezcan gracias a avances en la genética. <u>Tal vez</u> los médicos sean asistidos por robots, y las cirugías se realicen sin intervención humana directa. La esperanza de vida aumentará y <u>a lo mejor</u> la gente del futuro vivirá más de cien años.

Solo con indicativo	Solo con subjuntivo	Con indicativo y subjuntivo
A lo mejor	Es probable que Es posible que Puede ser que	Quizá Tal vez Probablemente Posiblemente Seguramente

11. Respuesta libre.

P. 164

12.

a. ¿Adónde <u>fuiste</u> en tu último viaje?
b. ¿<u>Habías estado/habías ido/habías viajado</u> antes allí?
c. ¿Por qué <u>decidiste</u> viajar allí?
d. ¿<u>Habías buscado</u> información sobre este lugar antes de viajar?
e. ¿Cuándo <u>fuiste/viajaste</u>?
f. ¿Cuánto tiempo <u>estuviste</u> allí?
g. ¿Con quién <u>fuiste/viajaste</u>?
h. ¿Qué medios de transporte <u>utilizaste</u>?
i. ¿Dónde te <u>alojaste</u>?
j. ¿Dónde <u>estaba</u> el alojamiento?
k. ¿Cómo <u>era</u>?
l. ¿<u>Visitaste</u> monumentos o museos?
m. ¿Cómo <u>eran</u>?
n. ¿<u>Hiciste</u> muchas fotos?
ñ. ¿<u>Probaste</u> la comida del país?
o. ¿Qué te <u>pareció</u>?
p. ¿<u>Compraste</u> algún recuerdo?

a. fuiste: se trata de una acción puntual en pasado, por lo que usamos un pretérito perfecto simple; b. habías estado/habías ido/habías viajado: usamos el pluscuamperfecto porque se trata de una acción anterior a la expresada por el verbo de la frase previa; c. decidiste: usamos un pretérito perfecto simple porque se trata de una acción puntual en el pasado; d. habías buscado: es una acción anterior a la del verbo de la frase previa, por lo que usamos el pluscuamperfecto; e. fuiste/viajaste; f. estuviste. g. fuiste/viajaste; h. utilizaste; i. te alojaste: todas son acciones puntuales en pasado que justifican el uso del pretérito perfecto simple; j. estaba; k. era: corresponden a la localización y la descripción del alojamiento en pasado, motivo por el que se usa el pretérito imperfecto; l. visitaste: aquí usamos un pretérito perfecto simple porque se trata de una acción puntual en el pasado; m. eran: se pregunta por la descripción de los monumentos, por lo que optamos por un pretérito imperfecto; n. hiciste; ñ. probaste: son acciones puntuales en pasado, así que usamos un pretérito perfecto simple; o. pareció: es una valoración en el pasado; p. compraste: es una acción puntual en pasado, por lo que en estos dos últimos casos se usa el pretérito perfecto simple.

13. Corrección de errores

a. He leído que, si <u>seguimos</u> contaminando los ríos, en el futuro <u>habrá</u> guerras por <u>el</u> agua. *Si* nunca puede ir seguido de un verbo en futuro, tenemos que poner un presente. El verbo *haber* es irregular en el futuro simple. *Agua*, a pesar de ser una palabra femenina, lleva el artículo masculino en el singular, como todas las palabras femeninas que comienzan con las sílabas *a* o *ha* tónicas.
b. El año pasado <u>fui</u> con mi familia a Málaga y el próximo año <u>iremos</u> allí también. Los marcadores temporales que llevan la palabra *pasado* o *pasada* van con pretérito perfecto simple. Usamos el verbo *ir,* y no *venir,* para indicar movimiento hacia un lugar diferente a donde se encuentra la persona que habla.
c. Mañana, cuando <u>vaya</u> al instituto, te enseñaré <u>las</u> fotos de mis vacaciones. *Cuando* nunca va seguido de un verbo en futuro. Para indicar tiempo futuro hay que poner el verbo en presente de subjuntivo. La palabra *foto* es la apócope de *fotografía* y por tanto es femenina.
d. Ojalá lo <u>pasemos</u> bien en el viaje. *Ojalá* siempre va seguido de subjuntivo.
e. Mi padre dice que, si <u>tengo</u> buenas notas, <u>iremos</u> a Eurodisney. La estructura de la primera condicional en futuro es *si* + presente de indicativo + futuro.
f. Mi hermana quiere venir <u>conmigo</u> a la excursión, pero yo prefiero <u>ir</u> solo. La preposición *con* unida al pronombre de 1.ª persona singular se convierte en *conmigo*. Los verbos de deseo, gusto y preferencia van con infinitivo cuando no hay cambio de sujeto.
g. Me molesta que me <u>griten</u>, sobre todo cuando <u>estoy</u> nervioso. Los verbos de sentimiento van con subjuntivo cuando hay un cambio de sujeto lógico (me molesta a mí que otros me griten). En el caso de describir algo habitual, el adverbio *cuando* va con presente de indicativo.
h. El año pasado no <u>fuimos</u> de vacaciones porque <u>suspendí</u> algunas asignaturas. Se trata de dos acciones puntuales en pasado.
i. Este fin de semana a lo mejor me <u>quedo</u> en casa, porque tengo <u>que</u> estudiar. *A lo mejor* expresa posibilidad, pero va con indicativo. Para indicar obligación usamos la perífrasis *tener que* + infinitivo.
j. Este verano iremos <u>otra vez</u> a Galicia. El adjetivo indefinido *otro* nunca va acompañado del artículo indefinido.

14. Uso de preposiciones

a. A mi madre no le gusta viajar <u>en</u> avión. Usamos la preposición *en* para los medios de transporte.

b. Dicen que en el futuro la gente vivirá <u>en</u> la Luna. Usamos la preposición *en* para expresar el lugar donde se realiza la acción.

c. Juan no va a venir porque está <u>de</u> viaje. *De* es la preposición que se utiliza en la expresión *estar de viaje*.

d. Mi padre dice que este año nos quedaremos aquí <u>en</u> vacaciones. La preposición *en* es la adecuada para acompañar al verbo *quedarse*, a diferencia de la expresión *irse de vacaciones*.

e. Voy a viajar a Valencia después <u>de</u> los exámenes. El adverbio *después* va seguido de la preposición *de*.

f. Estoy muy interesado <u>en</u> el medioambiente. *Estar interesado* va con la preposición *en*.

g. Prefiero ir a la playa que a la montaña. El verbo *preferir* no necesita preposición.

h. En Semana Santa vamos a ir a Sevilla, pero antes vamos a pasar <u>por</u> Córdoba. Uno de los significados de la preposición *por* es *movimiento a través de un lugar*.

i. Me interesa ver ese museo para el trabajo final de Historia. Los verbos que expresan gusto e interés no llevan ninguna preposición.

j. Estamos esperando el tren <u>desde</u> las 9. Espero que no tenga mucho retraso. La preposición *desde* expresa el principio de una acción. *El tren de las 9* significa el tren cuya hora de salida prevista era las nueve.

FUNCIONES p. 165

1-a. –¿De <u>dónde</u> vienes?
–Del polideportivo.
–Yo empiezo natación mañana. ¿<u>Por</u> dónde es mejor ir?
–La calle Valencia es el camino <u>más</u> rápido.

2-b. –Marcos <u>está</u> de mal humor hoy.
–A lo mejor <u>está</u> enfadado porque no puede ir a la excursión.
–Sí, es probable que <u>sea</u> eso.

3-a. –El año pasado estuvimos <u>de</u> viaje por Francia.
–¿Ah, sí? ¿Y a <u>qué</u> ciudades fuisteis?
–¡A muchas! No <u>me acuerdo</u> de todas.

4-b. –Mi hermano ha conseguido una beca en EE. UU. <u>Está</u> contentísimo.
–¡Estupendo! ¡Me alegro un montón! ¿Y en <u>qué</u> universidad va a estudiar?

5-c. –¡Qué raro! <u>Hace</u> tres días que Javier no viene <u>a</u> clase. Estará enfermo.
–Sí, puede que <u>sea</u> eso. Lo llamaré esta tarde.

6-a. –<u>Siento</u> que no <u>vengas</u> al viaje.
–A mí también me da mucha pena no <u>poder</u> ir.

7-b. –¿Qué te pareció la excursión <u>del otro</u> día?
–¡Fantástica! Me <u>divertí</u> muchísimo. ¿Y tú?
–Yo también <u>me lo</u> pasé estupendamente.

8-c. –<u>Estás</u> de muy buen humor.
–¡Claro! Estoy encantada de <u>empezar</u> las vacaciones.
–¿Sí? Yo me pongo triste cuando <u>acaba</u> el curso, porque no voy a ver a mis amigos en todo el verano.

1-a. *Adónde* indica la dirección de un movimiento, con lo cual sería contradictorio con la preposición *de*, que indica el origen de un movimiento. La preposición *por* expresa el camino, que es lo que se pregunta en este diálogo, mientras

---

Pedir y dar información sobre lugares
Por la calle Princesa.
<u>¿De dónde vienes? -Del polideportivo.</u>
<u>¿Por dónde es mejor ir? – La calle Valencia</u>
<u>es el camino…</u>
<u>¿Y a qué ciudades fuisteis?</u>

Expresar probabilidad
Quizás no entendió lo que le dijimos.
Tal vez sea demasiado tarde.
Probablemente llegue más tarde.
<u>A lo mejor está enfadado porque no puede</u>
<u>ir a la excursión.</u>
<u>Es probable que sea eso.</u>
<u>Estará enfermo.</u>
<u>Puede que sea eso.</u>

Expresar alegría y satisfacción
¡Perfecto!/¡Estupendo!/¡Fantástica!/
Está contento de que lo acompañemos.
Me alegro de que estés bien.
Es estupendo que puedas venir con nosotros.
<u>Está contentísimo.</u>
<u>Me alegro un montón.</u>
<u>Estás de muy buen humor.</u>
<u>Estoy encantada de empezar las vacaciones.</u>

Expresar tristeza
Últimamente estoy un poco triste.
Siento no poder ir a tu cumpleaños.
¡Qué pena, irnos tan pronto!
Es una lástima que no podáis venir.
<u>Siento que no vengas al viaje.</u>
<u>Me da mucha pena no poder ir.</u>
<u>Me pongo triste cuando acaba el curso.</u>

Expresar placer y diversión
Nos reímos mucho.
<u>Me divertí muchísimo.</u>
<u>Me lo pasé estupendamente.</u>

que *para* expresa el destino de un movimiento. Usamos *más* para indicar que el camino que proponemos es mejor que otros.

2-b. *De mal humor* es una expresión de estado de ánimo, por tanto, debe ir con el verbo *estar*. *A lo mejor* es una expresión de probabilidad que va seguida del verbo en indicativo. *Es probable que* también expresa probabilidad, pero va seguida del verbo en subjuntivo.

3-a. La expresión es *estar de viaje*. *Cuál* y *cuáles* son pronombres, por tanto, no pueden ir seguidas de un nombre. El verbo *recordar* no lleva preposición.

4-b. *Contento* es un adjetivo de estado de ánimo, por tanto, debe ir con el verbo *estar*, que, por otro lado, es el verbo de la oración principal, así que no puede ir en subjuntivo. Tanto *estupendo* como *fantástico* podrían usarse en este contexto. *Cuál* no puede ir seguido de sustantivo.

5-c. Una de las estructuras para hablar del tiempo transcurrido es *hace* + cantidad de tiempo + *que* + verbo en presente. Con los verbos *ir o venir* se usa la preposición *a* para indicar el fin del movimiento. La expresión *puede que* siempre va seguida de subjuntivo.

6-a. Usamos el verbo *sentir* para indicar tristeza o compasión. *Sentirse* va seguido de un adjetivo o adverbio y expresa sentimientos y estados físicos y de ánimo. Los verbos de sentimiento, como *sentir* o *dar pena,* van seguidos de subjuntivo cuando hay un cambio de sujeto (*yo* siento que *tú* no vayas), y de infinitivo (me da mucha pena *a mí* no ir *yo*) cuando es el mismo sujeto.

7-b. La palabra *día* es masculina y tiene que ir acompañada del artículo determinado porque se está refiriendo a un día concreto. Usamos el pretérito perfecto simple para hacer la valoración de algo sucedido en un tiempo pasado acabado (el otro día). La expresión es *pasarlo* o *pasárselo bien*.

8-c. Las expresiones de estado de ánimo van con el verbo *estar*. Los verbos de gusto y sentimiento van seguidos de infinitivo si el sujeto de las dos frases es el mismo. *Cuando* va seguido de presente de indicativo para hablar de una acción habitual.

Prueba 1.   Comprensión de lectura

Tarea 1, p. 166

La opción correcta es **0-F.** Alejandra quiere practicar algún deporte relacionado con el agua con sus amigos y el anuncio F ofrece hacer surf, montar en canoa. Además, Alejandra dice que busca algo barato y en esta propuesta dicen que hay descuentos para estudiantes.

La opción correcta es **1-A.** Miguel termina el bachillerato y quiere celebrarlo viajando a una ciudad de Europa. Quiere ir de fiesta y busca algo barato con todo incluido y el anuncio A propone celebrar el final de los estudios en Budapest (una ciudad europea), con una mezcla de fiesta y cultura. Además, dice que todo está incluido, con lo cual es el viaje adecuado para ellos.

La opción correcta es **2-C.** Candela quiere mejorar su alemán, pero no quiere tener clase todos los días porque le interesa viajar y conocer gente y el anuncio C propone asistir a un campamento de verano donde puede aprender alemán (aprendiendo idiomas), visitar países y conocer gente. Además, puede elegir el número de horas de clase que quiera.

La opción correcta es **3-B.** Luis dice que no tiene mucho tiempo ni dinero y que tiene que estudiar para septiembre, pero que quiere hacer algo original y conocer gente de otras culturas y el anuncio B propone un crucero (algo original) con un ambiente internacional (hay gente de todos los países). Además, es un viaje corto y económico.

La opción correcta es **4-E.** Leire quiere hacer un viaje y participar en una organización solidaria y el anuncio E se adapta a lo que ella busca pues propone ayudar a los necesitados y conocer otras culturas.

La opción correcta es **5-H.** Isabel y su hermana quieren salir un fin de semana y conocer una ciudad española y el anuncio H propone visitar Barcelona durante un fin de semana. Además, es una ruta guiada e Isabel busca algo organizado.

La opción correcta es **6-J.** Nicolás quiere viajar de ciudad en ciudad por Europa con sus amigos. Dice que no tienen coche y que no les gusta el autobús. El anuncio J es el único que propone un viaje en tren por Europa para poder ir conociendo diferentes ciudades.

Tarea 2, p. 168

La opción correcta es **7-A.** Jesús dice que ha llegado a la cima del Everest, es decir, ha pisado la montaña más alta del mundo.

La opción correcta es **8-C.** Cristina estudió fotografía y ha viajado por todo el mundo como reportera cultural, se entiende que haciendo fotos.

La opción correcta es **9-C.** Cristina dice que es una enamorada del continente asiático, es decir, le apasiona Asia.

La opción correcta es **10-B.** Mercé dice que ha probado las carreras de fórmula 1 en Estados Unidos.

La opción correcta es **11-A.** Jesús dice que siente la India como su segunda casa, con lo cual se entiende que es uno de sus lugares preferidos.

La opción correcta es **12-B.** Mercé dice que ha sido la primera mujer en ganar la vuelta al mundo en avioneta, es decir, ha dado la vuelta al mundo por el aire.

Tarea 3, p. 169

La opción correcta es **13-A**. Según el texto, uno de los problemas del medioambiente es la superpoblación, es decir, que hay demasiadas personas. Esto significa el aumento de la población. La opción B no es correcta porque se afirma que consumimos mucho, pero no todos los países, sino los países desarrollados. La opción C tampoco es correcta porque se afirma que tenemos *una tecnología poco eficiente y poco adecuada para garantizar el equilibrio ecológico*, pero no se dice que su desarrollo sea bajo. Por otro lado, si avanzamos en el texto, se habla del avance tecnológico.

La opción correcta es **14-C**. En el texto se afirma que alimentarse de forma correcta es muy importante, *pero no solo por cuestiones de salud*, sino porque los malos hábitos de consumo perjudican el medioambiente, con lo cual preocupa su efecto en el medioambiente. La opción A no es correcta porque a lo largo del texto se ve claramente que es el medioambiente lo que más preocupa al hombre y no el consumo, aunque sí la forma de consumir. La opción B tampoco es correcta, el texto afirma que una alimentación correcta es importante, pero no se habla de una vida sana imprescindible.

La opción correcta es **15-C**. El texto afirma literalmente que *en un mundo globalizado el transporte es más rentable*, es decir, traer productos de países lejanos no es tan caro. La opción A no es correcta, en el texto se dice que consumir productos del propio país es mejor para el medioambiente, pero no que sea más barato ya que quizá la producción no tenga precios tan bajos (como en países lejanos). La opción B tampoco es correcta, porque lo que favorece la economía es comprar productos de proximidad, es decir, nuestros propios productos.

La opción correcta es **16-A**. En el texto se dice que consumir productos de temporada es más económico y mejor para el medioambiente. La opción B no es correcta porque los productos de temporada respetan el ciclo natural de las plantas, con lo cual benefician también los recursos naturales del suelo sin terminar con ellos. La opción C tampoco es correcta porque en el texto se dice que la necesidad de transporte es menor, es decir que se reduce, pero esto no significa que no haya necesidad de transporte.

La opción correcta es **17-A**. En el texto se afirma que los productos ecológicos suelen tener un precio más elevado, es decir, son más caros ya que su producción es menor. Si avanzamos en el texto, se vuelve a repetir que su precio es mayor. La opción B no es correcta porque el texto habla de reducir el uso de plásticos y de otros materiales que se usan para proteger los productos, justo lo contrario. La opción C tampoco es correcta porque la responsabilidad no es saber *cuándo se producen los alimentos*, sino saber *de dónde vienen los alimentos que consumimos*.

La opción correcta es **18-B**. En el texto se afirma que *los productos de la agricultura ecológica pueden ser la solución a gran parte de los problemas medioambientales relacionados con la agricultura*, es decir, estos productos pueden solucionar problemas relacionados con los cultivos. La opción A no es correcta porque no se dice que en la mayoría de los países haya supermercados ecológicos, sino que en algunos países de Europa hay supermercados que utilizan materiales desechables. La opción C tampoco es correcta porque no se habla de productos desechables, sino de embalajes (cajas, por ejemplo) desechables.

Tarea 4, p. 171

La opción correcta es **19-B**. El adjetivo *grande* pierde la última sílaba *(-de)* cuando va delante de sustantivos masculinos y femeninos en singular, así *grande > gran* + sustantivo. La opción A no es correcta, porque el adjetivo *grande* no puede ir delante de sustantivos masculinos y femeninos en singular. La opción C tampoco es correcta, *mayor* es el comparativo regular de *grande* y en esta frase no se está comparando nada, es una afirmación.

La opción correcta es **20-A.** *Origen* indica *procedencia* y el contexto menciona que el aire *procede, viene de* África. La opción B no es correcta porque solo utilizamos el término *nacionalidad* para personas. Por otro lado, *nacionalidad* es una palabra femenina (la nacionalidad) y *africano* es un adjetivo masculino. La opción C tampoco es correcta porque *países* está en plural y *africano* está en singular.

La opción correcta es **21-B**. *Caracterizarse* es un verbo pronominal que significa *diferenciarse, distinguirse* y va acompañado, en este caso, de la preposición *por* que indica el motivo, la causa o la razón de esa diferencia o característica. Además, *por* tiene que ir seguido de un grupo nominal en este caso: artículo + adjetivo + sustantivo. En esta oración *una larga sequía* es lo que caracteriza al verano. La opción A no es correcta, *porque* a pesar de que introduce una causa tendría que ir seguido de un verbo o un grupo verbal. La opción C tampoco es correcta por lo que se ha explicado anteriormente. *Con* es una preposición que significa compañía, instrumento, entre otras cosas, y esto no se corresponde con el contexto.

La opción correcta es **22-B.** La oración es una comparación entre el verano, *en esta época,* en la que *puede llover con frecuencia* y las otras estaciones. Para dar ese sentido de idea contrapuesta necesitamos el comparativo de inferioridad *menos que*. La opción A no es correcta por lo que hemos explicado antes ya que se trata de un comparativo de superioridad. La opción C tampoco es correcta porque *menor que* es el comparativo irregular de *pequeño* (normalmente se refiere a la edad).

La opción correcta es **23-B.** Cuando hablamos de las características de algo o de alguien usamos el verbo *ser* seguido de un adjetivo, en este caso *característico*. La opción A no es correcta porque no hablamos de estados. No se puede decir *está característico*. La opción C tampoco es correcta *hay* habla de la existencia de algo y va seguido de un nombre.

La opción correcta es **24-B.** Uno de los usos de la preposición *de* es indicar el origen o la procedencia y en este caso además aparece la palabra *procedente*. Las opciones A y C no son correctas porque no se puede decir *procedente en* ni *procedente con*.

La opción correcta es **25-C.** *Las que* es un relativo femenino plural que se refiere a las *dos estaciones*, y va introducido por la preposición *en*. Las opciones A y B no son correctas porque la construcción correcta es *la cual, las cuales* (se usan siempre con antecedente explícito, con preposición o sin ella). Además, tendrían que estar en singular.

Prueba 2.   Comprensión auditiva

66 - 73 Tarea 1, p. 172

La opción correcta es **0-B.** La chica dice que el problema fue que les *perdieron el equipaje* y la foto B representa un grupo de maletas, o sea, un equipaje. La opción A que representa a una recepcionista no es correcta porque, al contrario, dice que una de las recepcionistas les ayudó y fue muy amable. La opción C tampoco es correcta porque el único coche que se menciona es el de la recepcionista y nadie tuvo problemas con él.

La opción correcta es **1-A.** El padre dice que pueden comprar una tortuga. La opción B no es correcta porque el padre dice que no pueden tener un gato ya que la madre es alérgica a esos animales. La opción C tampoco es correcta porque dice que no quiere un perro porque hay que sacarlos a pasear.

La opción correcta es **2-C.** La chica dice que el documental de hoy trata sobre desiertos, que es lo que representa la foto C. La opción A no es correcta porque representa montañas, que fue el tema del documental de ayer. La opción B tampoco es correcta porque representa el fondo del mar, que fue el tema del documental del lunes pasado.

La opción correcta es **3-B.** Todas las cosas que mencionan (bañador, crema solar, sombrilla...) indican que la excursión es al mar, que es lo que se ve en la foto B. Las opciones A y C no son correctas porque no se mencionan cosas que se llevarían a una excursión a la montaña o al campo respectivamente.

La opción correcta es **4-C.** El chico dice que hubo una niebla increíble, que es lo que se representa en la foto C. La opción A no es correcta porque el chico dice que espera que el tiempo sea soleado el próximo fin de semana. La opción B tampoco es correcta porque la chica menciona la posibilidad de lluvia para el próximo fin de semana.

La opción correcta es **5-A.** La chica dice que *el profesor todavía no ha dicho nada,* o sea, que no se sabe. La opción B no es correcta porque la chica menciona el viernes, pero para decir que piensa que ese día terminará el trabajo. La opción C tampoco es correcta porque el chico dice que la próxima semana piensa empezar el trabajo, no que haya que entregarlo.

La opción correcta es **6-A.** La chica dice que, a pesar de los intentos de cambiar el alojamiento, finalmente van a ir al *camping*, (*Total, que vamos al* camping.) La opción B no es correcta porque el hotel resultaba demasiado caro. La opción C tampoco es correcta porque no había suficientes plazas en la pensión.

La opción correcta es **7-B.** El chico dice que lo que más le gustó fueron las serpientes y los cocodrilos, es decir, los reptiles. La opción A no es correcta porque el chico dice que le gustaron mucho las arañas y los escorpiones (parecidos a los insectos), pero no fue lo que más le gustó. La opción C tampoco es correcta porque el chico no menciona las aves.

74 Tarea 2, p. 174

La opción correcta es **0-E.** La chica dice que quiere el *número del hotel*, o sea, el teléfono.

La opción correcta es **8-H.** El anuncio dice que *se podrá disfrutar de la serie a partir del próximo mes,* es decir, que se va a emitir pronto.

La opción correcta es **9-J**. El chico dice *Por favor, ¿puedo apuntarme?,* es decir, pide permiso.

La opción correcta es **10-A**. El anuncio habla de *ahorrar energía* y de apagar parte de las luces del supermercado, o sea, van a reducir el consumo de electricidad.

La opción correcta es **11-G**. La chica dice: *¿Me dejas la tuya?*, es decir, le pide prestada la mochila.

La opción correcta es **12-I**. El anuncio habla de *tormenta* y de *lluvia intensa*, o sea, mal tiempo. La opción C no es correcta porque se habla de tomar precauciones, pero no se dice que no se deba viajar.

La opción correcta es **13-D**. El chico dice *Necesito unas buenas botas*, es decir, calzado. La opción F no es correcta porque, aunque se menciona el cine, es para decir que no va a poder ir.

⌒75⌒ Tarea 3, p. 174

La opción correcta es **0-A**. Ricardo dice: *no hemos salido de Alicante*, o sea, no ha viajado.

La opción correcta es **14-C**. Ricardo dice que no ha viajado y Teresa dice que ha viajado con sus tíos, o sea, que ninguno de los dos ha viajado con sus padres.

La opción correcta es **15-B**. Cuando Ricardo le pregunta si ha buceado, Teresa dice *Me da pánico*, o sea, le da miedo.

La opción correcta es **16-A**. Ricardo dice que el verano pasado estuvo en Egipto, es decir, que viajó al extranjero.

La opción correcta **17-A**. Cuando Teresa le pregunta si vio el documental, Ricardo contesta *Claro*, es decir, sí que lo vio. Sin embargo Teresa dice *yo me lo perdí*.

La opción correcta es **18-C**. Ricardo tiene una perra y Teresa habla de su gatita, es decir, que ambos tienen animales en casa.

La opción correcta es **19-B**: Teresa dice: *tengo que acabar el trabajo de Biología*, es decir, todavía no lo ha terminado.

⌒76⌒ - ⌒78⌒ Tarea 4, p. 175

Primera noticia:

La opción correcta es **20-A**. La noticia dice que *los niños se ven beneficiados en la formación de su personalidad si conviven con animales desde pequeños*, es decir, que les ayuda en su desarrollo. La opción B no es correcta porque habla de *convivir con animales desde pequeños*, no de animales pequeños. La opción C tampoco es correcta porque habla de la influencia de tener animales en la formación de la personalidad del niño, pero no dice que haya que tener una personalidad especial para tener animales.

La opción correcta es **21-C**. La noticia afirma que uno de los beneficios para el niño de tener animales es *hacerlos responsables*, o sea, desarrolla la responsabilidad. La opción A no es correcta porque lo que dice es que los que tienen perros desde pequeños son *socialmente más empáticos*, no que los perros lo sean. La opción B tampoco es correcta porque la noticia dice justo lo contrario los que tienen animales toda su vida, es decir, desde muy pequeños, se ven influidos más positivamente.

Segunda noticia:

La opción correcta es **22-B**. La noticia dice que un instituto de Jaén y otro de Málaga han obtenido el premio, o sea, que ha habido dos ganadores. La opción A no es correcta porque lo que se dice es que esta es la *tercera edición del concurso*, no que el instituto malagueño haya obtenido el tercer premio. La opción C tampoco es correcta porque en la noticia se dice que el premio es de *carácter nacional*, o sea, para todo el país.

La opción correcta es **23-C**. La noticia dice que el proyecto del instituto de Jaén *consiste en un juego al estilo del Monopoly*, o sea, que se basa en este juego. La opción A no es correcta porque lo que dice la noticia es que uno de los proyectos premiados se titula *Bosquépolis, el juego de la Biodiversidad en los Parques Naturales de Andalucía*, pero no que los alumnos jueguen en los parques naturales. La opción B tampoco es correcta porque lo que se dice en la información es que el instituto de Málaga ha desarrollado *una Campaña de Concienciación Ecológica dirigida a los habitantes de la ciudad*, pero no afirma que los malagueños no tengan conciencia ecológica.

Tercera noticia:

La opción correcta es **24-A**. La noticia dice que *jóvenes de todo el mundo que recorrieron una ruta, siguiendo los pasos de Hernán Cortes, a través de México, Guatemala u Honduras, entre otros países de la zona*, es decir, países de América Latina. La opción B no es correcta, porque no son países de todo el mundo. La opción C tampoco es correcta, porque no recorrió varios lugares de España, sino que los expedicionarios procedían principalmente de diferentes lugares de España.

La opción correcta es **25-B**. En el audio se dice que *Aunque la expedición educativa había comenzado años antes, en 1993 se celebró la primera expedición denominada como tal, Ruta Quetzal*. Por este mismo motivo, la opción A no puede ser correcta. La opción C tampoco es correcta, porque añade: *... denominada como tal, Ruta Quetzal, que se ha seguido celebrando hasta ahora.*

LÉXICO p. 184 y 185

1. a. <u>Ayuntamiento</u>, Murcia; b. <u>Puente</u> romano, Mérida; c. <u>Catedral</u>, Burgos; d. <u>Palacio</u> presidencial, Lima; e. <u>Mezquita</u> Catedral, Córdoba; f. <u>Castillo</u> de Loarre, Huesca; g. <u>Torre</u> del Oro, Sevilla; h. <u>Museo</u> del Prado, Madrid; i. <u>Fuente</u> de Neptuno, Madrid; j. <u>Teatro</u> de Bellas artes, Ciudad de México; k. <u>Plaza</u> del Zócalo, Ciudad de México; l. <u>Parque</u> Cerro de Santa Lucía, Santiago de Chile.

2. a-4; b-1; c-6; d-8; e-5; f-3; g-2; h-7.

3.

Servicios públicos	correos, parque de bomberos, juzgados, instituto, comisaría de policía, colegio, hospital, centro de salud, universidad, biblioteca
Tiendas y comercios	frutería, supermercado, farmacia, tienda de ropa
Centros religiosos	mezquita, iglesia, sinagoga, catedral
Espacios deportivos	gimnasio, piscina, campo de fútbol, polideportivo, pista de tenis
Espacios de ocio	museo, restaurante, zoo, teatro, parque, parque de atracciones, cine

4. a. estación de metro; b. carril bici; c. marquesina de autobús; d. señal de tráfico; e. semáforo; f. acera; g. paso de cebra; h. aparcamiento; i. carril bus; j. andén; k. avenida; l. aeropuerto.

P. 186 y 187

5. Ciudades y calidad de vida

Para asegurar a las futuras generaciones el poder disfrutar del <u>planeta</u>, los grandes centros <u>urbanos</u> se están transformando en ciudades sostenibles, es decir, ciudades que se preocupan por el <u>medioambiente</u>. Pero ¿qué caracteriza a estas ciudades?

El estilo de vida de sus <u>habitantes</u> está comprometido con el <u>cuidado</u> del medioambiente.

Sus habitantes disfrutan de una buena <u>calidad</u> de vida: buen sistema de <u>salud</u>, acceso a educación, <u>transporte</u> eficiente, seguridad, etc.

Hay suficientes espacios <u>verdes</u> para los ciudadanos.

La mayoría de sus construcciones utilizan electricidad a partir de energías <u>limpias</u>.

Las empresas y los hogares optan por el consumo <u>responsable</u>: reducir, reciclar y reutilizar.

Los ciudadanos participan en iniciativas para encontrar soluciones <u>beneficiosas</u> para la vida de sus habitantes.

6. a. tren; b. avión; c. camión; d. ferri; e. patinete; f. moto; g. tranvía; h. autobús; i. helicóptero; j. coche; k. barco; l. globo.

Transporte por tierra

Sobre ruedas: el coche, la moto, el autobús, el camión, el patinete y la bicicleta.

Sobre raíles: el tren, el tranvía y el metro.

Transporte aéreo: el avión, el helicóptero y el globo.

Transporte marítimo: el barco, el ferri, la barca y el velero.

7. Posibles respuestas: a. conducir: un coche, una moto, un tren; b. volar: un avión, un helicóptero, un globo; c. navegar: un barco, un ferri, una barca; d. despegar: un avión, un helicóptero, un globo.

8. a. Mi instituto está cerca de casa, así que normalmente voy <u>a pie</u>, así hago ejercicio; b. No me gusta viajar en <u>metro</u>, porque siempre hay mucha gente y no veo la luz natural; c. No es muy ecológico, pero el <u>avión</u> es más rápido y cómodo para largas distancias; d. No me gusta nada montar en <u>barco</u>. No sé nadar y me mareo siempre; e. Algunos compañeros van a clase en <u>patinete eléctrico</u>. No contamina y es rápido; f. Mis amigos y yo queremos recorrer Europa en <u>tren</u>. Es ecológico y nos encanta; g. Mi padre va a trabajar en <u>moto</u>. En las ciudades es más rápido que el coche, por el tráfico.

9. a. parada; b. desplazarse; c. túnel; d. patinete; e. andén

10.

a. viajero: es una persona, no un objeto o lugar; b. caminar: es la acción de una persona, no de un vehículo; c. acera: es el lugar por donde caminan las personas, no los vehículos; d. viajar: es el único término no específicamente relacionado con el mar. Además, es el único verbo.

11.
a-4: tarjeta que permite subir al avión; b-5: lugar donde las personas se citan; c-2: registrar las maletas para que vayan en el avión; d-1: mochila o bolso que lleva un pasajero para subir al avión; e-3: pararse en el aeropuerto de otra ciudad para coger otro avión hacia el destino final; f-6: accidente entre vehículos (coches, camiones, motos) que se produce en la carretera.

12. Respuestas libres.

P. 188 y 189

13. a. robot; b. coche eléctrico; c. reloj inteligente; d. encendido/apagado; e. inteligencia artificial; f. realidad virtual; g. huella digital; h. hogar inteligente

14.
Posibles respuestas: a. Contraseña: código con letras y cifras para acceder a un espacio virtual personal; b. navegador: programa que permite acceder a Internet; c. buscador: sistema que se utiliza para buscar información en páginas web; d. ratón: objeto pequeño conectado al ordenador que permite moverse por la pantalla; e. programa: conjunto de instrucciones, escritas en lenguaje de programación, para realizar una tarea dentro de un ordenador; f. antivirus: programa que protege el ordenador de posibles virus (ataques informáticos).

15.

Buscar/ intercambiar	Colgar	Consultar/acceder a	Descargarse/bajarse	Adjuntar/reenviar
información datos imágenes	una foto un texto un archivo un *post* un pódcast un documento	una web un archivo	una foto música un archivo un programa	una foto un archivo un documento

16.
El impacto de las nuevas tecnologías en nuestra vida
Las nuevas tecnologías han revolucionado nuestra forma de vivir, aprender y comunicarnos. Los <u>dispositivos electrónicos</u> (teléfonos inteligentes, tabletas, portátiles…) son fundamentales en nuestra vida diaria. Estos avances nos facilitan el <u>acceso a la información</u> y transforman nuestra interacción con el mundo.
Gracias a Internet podemos buscar información, ver vídeos, escuchar música, etc., sin salir de casa. Las <u>aplicaciones móviles</u> nos permiten enviar <u>mensajes instantáneos</u>, consultar el tiempo o incluso practicar un nuevo idioma. A través de las <u>redes sociales</u> nos conectamos con amigos y familiares, etc., que pueden estar lejos o no, y compartimos fotos, vídeos y mensajes en <u>tiempo real</u>.
Uno de los avances más interesantes es la <u>inteligencia artificial</u>, que permite a los dispositivos *aprender* de nuestras acciones y ofrecernos soluciones personalizadas. Por ejemplo, <u>asistentes virtuales</u> como Alexa o Google Assistant pueden responder preguntas, etc., con solo darles una orden de voz.
Pero, aunque ofrecen mucho, es fundamental usar estas herramientas de manera responsable. Pasar demasiado tiempo en redes sociales o con videojuegos puede provocar <u>adicción digital</u>, aislamiento social o <u>falta de concentración</u>. Además, hay mucha <u>información falsa</u> y también riesgos, como el <u>ciberacoso</u> o no saber proteger nuestra privacidad.
El futuro promete avances aún más sorprendentes. Tecnologías como la <u>realidad aumentada</u> o la realidad virtual transformarán nuestra forma de interactuar con el mundo digital. Esto significa que debemos estar preparados para un mundo cada vez más tecnológico. Aprender a programar, entender cómo funcionan los algoritmos y desarrollar <u>habilidades digitales</u> será clave para adaptarse al futuro. ¿Estás preparado?
a. Las nuevas tecnologías son esenciales en nuestra vida diaria.
b. Internet nos permite buscar contenidos (información, vídeos, música) y estar en contacto con otras personas mediante las redes sociales.
c. La llegada de la inteligencia artificial es un avance, ya que, a partir de nuestras acciones, los dispositivos "aprenden" y nos ofrecen soluciones personalizadas.
d. No usar las nuevas tecnologías de forma responsable puede ser peligroso, ya que es fuente de adicción digital, aislamiento social, informaciones falsas o ciberacoso.
e. La tecnología será todavía más importante en el futuro, con avances como la realidad aumentada o la realidad virtual, por lo que tenemos que desarrollar nuestras habilidades digitales.

17. Respuestas libres.

1.

	opinión	valoración
a. Creo que las ciudades pequeñas son más cómodas para vivir.	X	
b. Me parece muy bien que el centro de las ciudades sea peatonal.		X
c. No me parece justo que los transportes públicos no lleguen a todos los barrios.		X
d. No creo que haya suficientes líneas de metro y autobús.	X	
e. Es una buena idea utilizar la bicicleta.		X
f. Para mí, el metro es el medio de transporte menos contaminante.	X	
g. Es importante que los conductores respeten los pasos de cebra.		X
h. Es fantástico que haya suficientes parques y jardines.		X
i. Pienso que no hay suficientes hospitales en la ciudad.	X	
j. Está bien que se pongan multas a los que tiran basura a la calle.		X

2.
La opinión se expresa con los verbos <u>creer</u> y <u>pensar</u> + *que* + verbo en <u>indicativo</u>, o con la expresión *para mí*. Si la frase es negativa, el verbo va en <u>subjuntivo</u>.
La valoración se expresa con los verbos <u>parecer, ser</u> y <u>estar</u> + sustantivo, adverbio o adjetivo + que + verbo en <u>subjuntivo</u>.

3. Posibles respuestas: a. Me parece muy mal que la gente tire las cajas de cartón por el suelo; b. No está bien que la gente camine en medio de la calle; c. Creo que los tranvías son peligrosos; d. Es/Me parece fantástico que los amigos se vean en un parque; e. Es peligroso ir en patinete eléctrico con chanclas; f. Es terrible que haya tanta gente en las ciudades.

4. Respuesta libre.

5. b. Es fantástico que los transportes sean baratos; c. Es terrible que no haya actividades de ocio; d. Me parece estúpido que los gimnasios cierren a las 8 de la tarde; e. Es injusto que no haya oportunidades de trabajo; f. Es estupendo que los coches no puedan circular por el centro de la ciudad; g. Me parece fenomenal que haya tantos parques.

6. b. ¡Qué rabia que no podáis ir!; c. ¡Qué pena que no quieran tenerlos!; d. ¡Qué rollo que viva tan lejos!; e. ¡Qué suerte que se lo hayan regalado!; f. ¡Qué raro que no conteste!

P. 192 y 193

7. Posibles respuestas.
a. Es una pena que la gente se reúna para que cada uno esté mirando el móvil/Me parece un rollo que se reúnan para mirar el móvil; b. ¡Qué divertido que haya pistas para hacer *skateboard*!; c. Me parece perfecto que haya voluntarios para recoger la basura en la naturaleza; d. Fue una buena idea pintar esta pared; e. Estar en el laboratorio lo encuentro aburridísimo; f. Es una vergüenza que la gente siga tirando la basura fuera. Es una pena que no haya más papeleras/que se tire la basura en la calle.

8. a. Colgaré mi trabajo en Canva antes de que <u>termine</u> la semana; b. Después de <u>instalar</u> ese antivirus, estaremos tranquilos; c. Te podré llamar cuando mi móvil <u>esté</u> cargado; d. No salgas de casa antes de <u>comprar</u> el billete de avión; e. Cuando <u>tengamos</u> tiempo, iremos de voluntarios a plantar árboles; f. Cuando <u>sepas</u> la respuesta, envíame un SMS; g. Mira bien antes de <u>cruzar</u> por el paso de cebra; h. Empezaremos el proyecto después de que <u>tengan</u> la información necesaria.

9. *Antes de y después de* + <u>infinitivo</u> cuando el sujeto de las dos oraciones es el mismo.
No salgas (tú) de casa antes de comprar (tú) el billete de avión.
Antes de y después de + que + <u>subjuntivo</u> cuando el sujeto es diferente.
Empezaremos (<u>nosotros</u>) el proyecto después de que <u>tengan</u> (<u>ellos</u>) la información *necesaria*.
Cuando siempre va seguido de <u>subjuntivo</u>.
Cuando sepas (tú) la respuesta, envíame (tú) un SMS.

10.
b. Mis hermanos se irán a la cama después de que yo termine de jugar con la Play; c. Mi padre lavará el coche antes de que salgamos de viaje; d. Dejad el patinete eléctrico en casa cuando empiece a llover; e. Cruzaremos la calle después de que el semáforo se ponga en verde; f. Tendremos que hacer algo antes de que no haya solución para el planeta.

11.

a-9; b-8; c-6; d-7; e-5; f-3; g-4; h-2; i-10; j-1.

Cuando el sujeto de las dos oraciones es el mismo, se usa *para* + infinitivo

Cuando el sujeto de las dos oraciones es diferente, se usa *para* + *que* + subjuntivo

12.

Ciudades sostenibles: el futuro que necesitamos

Las ciudades sostenibles están diseñadas para cuidar el medioambiente y mejorar la calidad de vida de sus habitantes. Se crean para que las futuras generaciones puedan disfrutar de un mundo limpio y lleno de recursos. Utilizan energías renovables, como la solar y la eólica, para disminuir la contaminación. Además, desarrollan sistemas de transporte público eficientes para que la gente se mueva sin necesidad de usar el coche. Esto ayuda a reducir el tráfico y las emisiones de gases de efecto invernadero.

Fomentan el reciclaje y la reutilización de materiales para generar menos basura. También tienen más parques y jardines para que los ciudadanos disfruten del aire libre y respiren aire fresco.

Por último, estas ciudades crean espacios accesibles para que todos (niños, personas mayores y personas con discapacidad, etc.) puedan moverse con facilidad.

En resumen, las ciudades sostenibles son necesarias para proteger el planeta y para que las personas vivan en entornos más saludables, limpios y justos. Trabajar juntos con este objetivo es fundamental para que todos puedan disfrutar de un futuro mejor.

P. 194

13. La pandemia y la movilidad urbana

Hasta la actualidad, el COVID-19 ha causado cambios importantes en la movilidad urbana: nuevos peatones, ciclistas y usuarios de patinetes han ocupado las vías de circulación y se ha reducido el espacio destinado a los vehículos de motor.

Durante aquella época, el número de viajeros disminuyó, ya que muchos comercios cerraron/habían cerrado y muchos trabajadores empezaron a trabajar desde sus casas. El uso del transporte público descendió bastante, mientras que el de la bicicleta o del patinete eléctrico aumentó, ya que ofrecían la posibilidad de trasladarse de forma segura. Otros preferían trasladarse a pie. Algunas ciudades vieron cómo cambiaban/cambiaron sus infraestructuras:

En Montreal se creó una red de 112 km adicionales de ciclovías y rutas peatonales.

En Bogotá buscaron una alternativa a los trenes y autobuses y se desarrollaron 84 km de ciclovías temporales que aumentaron/aumentaban la extensa red que ya existía en la ciudad.

En Milán se construyeron 35 km de espacio vial para ciclistas y peatones, con límites de velocidad reducidos para los vehículos de motor y garantizar así su seguridad.

En Bruselas, el centro de la ciudad se transformó en una zona prioritaria para ciclistas y peatones.

En París los carriles para bicicletas se ampliaron y se abrieron varias ciclovías de larga distancia.

Estas iniciativas han mejorado/mejoraron estilos de vida activos y saludables y han reducido/redujeron las emisiones de CO_2 en las ciudades. Algunas aún se conservan.

Ha causado, han ocupado, se ha reducido: usamos el pretérito perfecto compuesto para hablar de acciones terminadas, pero que están dentro del tiempo presente (hasta la actualidad); disminuyó, cerraron, empezaron: usamos el pretérito perfecto simple porque nos referimos a acciones que tienen lugar en un momento del pasado y que duraron un tiempo (en aquella época). En el caso de *disminuyó*, es una acción consecuencia de otras: muchos comercios cerraron y muchos trabajadores empezaron a trabajar en sus casas. El uso del pretérito pluscuamperfecto es posible también, ya que se puede entender como una acción anterior a otras (como muchos comercios habían cerrado, disminuyó el número de viajeros); seguimos hablando de aquella época, por lo tanto, usamos *descendió* y *aumentó*; *ofrecían* y *preferían* describen una situación habitual en el pasado, por eso usamos el pretérito imperfecto; *vieron*, en aquella época, por lo que se usa el pretérito perfecto simple; cambiaban/cambiaron: en este caso, el uso del imperfecto indicaría una acción en desarrollo, que se produce poco a poco. El uso del perfecto simple indicaría que la acción se produce de forma repentina; se creó, buscaron, se desarrollaron, aumentaron, se construyeron, se transformó, se ampliaron, se abrieron, mejoraron, redujeron: el uso del perfecto simple, aquí, indica una serie de acciones puntuales; aumentaban: el uso del pretérito imperfecto es correcto si se entiende como una descripción de algo que sucede y se prolonga en el tiempo; existía: aquí el pretérito imperfecto se usa para describir en pasado; han mejorado, han reducido: el uso del perfecto compuesto se debe a que estas iniciativas duran hasta hoy (algunas aún se conservan).

14.

a. Esa noche voy a <u>quedarme</u> en casa, necesito descansar. La primera persona del verbo *quedarse* es *quedarme* (yo voy a quedarme). La construcción *es necesito* no es correcta.

b. No me gustan <u>las grandes</u> ciudades, prefiero <u>las</u> pequeñas. *Ciudades* es una palabra femenina y está en plural, por eso hay que poner el adjetivo en plural, *las grandes*. Para no repetir la palabra *ciudades* en la segunda frase, la sustituimos por el pronombre de OD adecuado, *las*, femenino plural.

c. Los españoles <u>son</u> muy ruidosos, en los bares la gente <u>habla</u> muy alto. *Ruidosos* es un adjetivo que va siempre con *ser*, porque habla del carácter; *hablan* es un plural y gente es un nombre singular.

d. Prefiero <u>llegar</u> temprano al instituto, por eso voy en <u>Ø/el</u> patinete. Cuando al verbo *preferir* le sigue otro verbo, este va en infinitivo. *Patinete* no necesita artículo, porque en este caso se habla de algo general. En caso de llevar artículo, sería *el*, porque es masculino.

e. Mañana <u>por</u> la mañana vamos <u>a</u> ir a visitar el <u>centro</u> de la ciudad vieja. Para hablar de algo futuro, se usa la perífrasis *ir a* + infinitivo. La palabra correcta para referirse a la parte céntrica de la ciudad es *centro*.

f. Creo <u>que</u> nuestra ciudad es muy <u>sostenible</u>. Tiene <u>muchos</u> parques. Cuando damos una opinión, usamos *creer que*. *Sostenida* significa sujeta, firme, y aquí no tiene sentido. *Sostenible*, en este contexto, se refiere a que reduce el impacto ambiental. *Parques* es masculino plural, por lo tanto, lo correcto es *muchos*.

g. Odio la contaminación y el <u>ruido</u>. Prefiero los lugares <u>más</u> tranquilos. El adjetivo *ruidoso* no puede ir con un verbo (odio el ruidoso), se necesita un nombre (ruido). Si odia el ruido, lo lógico es que prefiera algo *más* tranquilo y no *menos*.

h. No conozco <u>a</u> nadie que <u>sepa</u> programar tan <u>bien</u> como tú. El verbo *conocer*, cuando se refiere a personas, va con la preposición *a*. *Sepa* va en subjuntivo, porque es una frase negativa que expresa desconocimiento. *Bien* es un adverbio que describe cómo se está haciendo la acción (programar). Cuando queremos decir que algo es correcto decimos que *está bien*.

i. Utilizar la inteligencia artificial <u>es</u> para <u>expertos</u>, no para nosotros. El verbo *ser* se usa para identificar algo, en este caso la inteligencia artificial. *Expertisos* no existe.

j. No nos <u>interesan</u> las redes sociales, <u>es</u> muy aburrido ver la vida de las personas. *Las redes sociales* es un plural, por eso el verbo tiene que ir en plural (interesan). El verbo *ser* se refiere a ver la vida de las personas (= eso), que es singular.

15.

a. Hemos decidido que mañana saldremos <u>para</u> el pueblo temprano. Cuando indicamos una dirección (hacia), la preposición correcta es *para*.

b. Estamos <u>en</u> París y vamos a visitar a nuestros amigos. Cuando hablamos de ubicación, usamos *en*.

c. Este museo está cerca <u>de</u> un puente muy famoso. El adverbio de lugar *cerca* (en lugar próximo) puede construirse seguido de la preposición *de*.

d. No le gustan las barcas. Una vez se cayó <u>al</u> agua y se asustó. Muchos verbos de movimiento (caer, caerse), cuyo complemento denota el destino (el agua), se construyen con la preposición *a*.

e. Hemos estado toda la tarde <u>en</u> ese parque y no te hemos visto. Igual que en ejemplos anteriores, cuando hablamos de ubicación, usamos *en*.

f. Tengo que quedarme <u>en</u> el instituto para hablar con mi tutora. En este caso, sucede lo mismo, para indicar ubicación, usamos *en*.

g. Esto que has comprado no sirve <u>para</u> nada. *Para* es la preposición que se usa para indicar finalidad.

h. Los libros que buscas están encima <u>de</u> la mesa. El adverbio de lugar *encima* (lugar superior) suele ir seguido de la preposición *de*, que introduce un elemento de referencia (la mesa).

i. Mis amigos y yo quedamos a veces en un parque lejos <u>de</u> casa. El adverbio de lugar *lejos* (en un lugar lejano) va seguido de la preposición *de*.

j. Algunas ciudades carecen <u>de</u> infraestructuras necesarias. *Carecer de* significa *faltarle algo* y va con la preposición *de*.

1-b. —Con este atasco no creo que <u>debamos</u> ir en coche. ¿Qué crees tú?
—Sí, <u>es</u> evidente que no llegamos a <u>tiempo</u>. Mejor vamos en metro.

2-a. —¿Qué te <u>ha parecido</u> la experiencia de montar en globo? Ha sido increíble, ¿no?
—¿En <u>serio</u>? Pues yo no <u>la</u> he encontrado tan emocionante, la verdad.

3-c. —Nos <u>sorprendió</u> mucho la actividad propuesta <u>por</u> Chat GPT.
—Sí. No nos lo podíamos creer. Desde mi punto de vista, estaba muy <u>bien</u>.

4-c. —Trabajar <u>por</u> una ciudad sostenible <u>es</u> pensar en el futuro.
—¡Vaya! No sabía que tú <u>también</u> pensabas así.

5-b. —¿Qué piensas de que <u>vayan</u> a utilizar la IA en clase?
—No <u>es</u> verdad que vayan a hacerlo. Hay profes que no <u>están</u> de acuerdo.

6-a. —Madre mía, es un <u>desastre</u> con las <u>tecnologías</u>.
—Sí, he oído que no sabía dónde <u>estaba</u> el botón de inicio.

7-a. —El lunes <u>nadie</u> sabía que la situación del transporte era <u>tan</u> caótica.
—¿De verdad? Es increíble que no se <u>informe</u> de nada.

8-c. —No es evidente que esa <u>sea</u> la mejor solución para favorecer la <u>movilidad</u> sostenible.
—Pues a mí no me parece <u>tan</u> absurdo, la verdad.

1-b. Para dar una opinión negativa, hay que usar el subjuntivo, por lo cual las opciones a y c no son correctas. Para confirmar que una cosa es real usamos *es evidente* (claro, obvio). La expresión correcta para indicar que llegamos puntuales es *llegar a tiempo*. Se puede decir *llegar puntual*, pero en ese caso no necesita la preposición *a*.
2-a. Usamos el pretérito perfecto compuesto aquí porque, toda la acción está dentro de un contexto que tiene relación con el presente (ha sido, he encontrado). Las opciones b y c son incorrectas. Para expresar sorpresa o extrañeza, utilizamos la expresión *¿en serio?* El pronombre de objeto directo adecuado es *la*, femenino singular, porque se refiere a *experiencia*.
3-c. *Sorprendió* es la única opción adecuada, porque es una acción puntual, de ahí que se use el pretérito perfecto simple, y va en tercera persona del singular, porque *actividad* es el sujeto. Para indicar el medio o el instrumento con el que hemos hecho algo, usamos *por*. Cuando algo es correcto decimos que *está bien*.
4-c. Para indicar la causa de algo, usamos *por* (el motivo de trabajar es tener una ciudad sostenible), por lo que las opciones a y b no son correctas. En esta frase, usamos el verbo *ser* para indicar identificación o equivalencia. Aquí *trabajar por una ciudad sostenible* significa *pensar en el futuro*. Cuando manifestamos que estamos de acuerdo con otros, usamos *también*.
5-b. En esta frase se pregunta por la opinión de alguien y se usa el subjuntivo, porque hay dos sujetos (piensas, tú; vayan, ellos), por lo que las opciones a y c no son correctas. Para constatar algo, usamos la expresión *es verdad*, con el verbo *ser*. Para expresar acuerdo con otra persona, usamos *estar de acuerdo*, con el verbo *estar*.

Pedir y dar la opinión
¿Tú qué piensas de la IA?
En mi opinión, es un horror.
<u>No creo que debamos ir en coche...</u>
<u>¿Qué crees tú?</u>
<u>Desde mi punto de vista, estaba bien.</u>
<u>¿Qué piensas de que vayan a utilizar la IA en clase?</u>

Pedir valoración y valorar
¿Os parece bien que vayamos en tren?
Es bueno dormir bien antes de un viaje.
<u>¿Qué te ha parecido la experiencia…?</u>
<u>Ha sido increíble, ¿no?</u>
<u>Pues yo no la he encontrado tan emocionante, la verdad.</u>
<u>Pues a mí no me parece tan absurdo.</u>

Expresar acuerdo y desacuerdo
No está claro que sea tan ecológico.
Yo pienso igual que tú.
<u>Es evidente que no vamos a llegar a tiempo.</u>
<u>No es verdad que vayan a hacerlo.</u>
<u>No es evidente que esa sea la mejor solución.</u>

Expresar sorpresa y extrañeza
¡Qué raro que llegue tarde!
<u>¿En serio?</u>
<u>Nos sorprendió mucho la actividad…</u>
<u>No nos lo podíamos creer.</u>
<u>¿De verdad?</u>
<u>Es increíble que no se informe de nada.</u>

Hablar de conocimiento y desconocimiento
¿Sabes algo de la realidad aumentada?
He leído mucho sobre ese tema.
<u>No sabía que tú también pensabas…</u>
<u>He oído que no sabía dónde estaba…</u>
<u>El lunes nadie sabía que la situación del transporte era tan caótica.</u>

Hablar de la habilidad para hacer algo
¿Son buenos en programación?
Lo hacen bastante bien.
<u>Madre mía, es un desastre con las tecnologías.</u>

6-a. *Es un desastre* es la expresión que usamos para indicar que alguien no tiene habilidades. Las opciones b y c no son correctas. Se puede decir *es desastroso con las tecnologías*, pero no podría ir con el artículo *un*. La técnica es un conjunto de métodos o recursos para hacer algo. La tecnología son los conocimientos para resolver problemas. *Tecnológicas* significa que están relacionadas con la tecnología, por lo que, en este caso, la palabra correcta es *tecnologías*. Para hablar de ubicación de algo o alguien se usa *estar*.

7-a. Cuando nos referimos a ninguna persona, usamos *nadie*. *Ninguno* sería correcto, porque también indica la no existencia de personas, pero tendría que ser dentro de un grupo concreto y aquí estamos hablando en general. *Tan* se usa con adjetivos y adverbios y sirve para intensificar. *Tanto/a* se usa con sustantivos o verbos.

8-c. Cuando constatamos algo (no es evidente) y los sujetos de las frases son diferentes, usamos el subjuntivo (sea). *Esté* no sería correcta, porque se dice *es la mejor solución*. La movilidad sostenible busca reducir el uso del vehículo privado. La palabra *movilización* se usa más como una acción social por una causa concreta. *Tan* se usa con adjetivos y adverbios y sirve para intensificar. *Tanto* se usa con sustantivos o verbos.

Prueba 1. Comprensión de lectura

Tarea 1, p. 196

La opción correcta es **0-C**. Ernesto dice que su hermano tiene un buen currículum y alguna experiencia laboral, pero no encuentra nada, es decir, que busca trabajo y el texto C habla de una plataforma que se puede usar para encontrar puestos de trabajo.

La opción correcta es **1-H**. Ruth dice que va a ir en coche, pero que no sabe cómo llegar a su nuevo instituto y con esta aplicación puede buscar calles.

La opción correcta es **2-F**. Nacho habla de canciones de las que no conoce los títulos ni sabe cómo se llaman los cantantes y la herramienta del texto F ayuda a encontrar títulos y artistas. El texto D no es correcto porque esta aplicación es para escuchar canciones y lo que quiere Nacho es información sobre determinadas canciones para crear su propia lista.

La opción correcta es **3-I**. Julia necesita ver una serie de películas para su asignatura de Historia del Cine y el texto I habla de una herramienta con la cual se pueden ver películas a través de Internet.

La opción correcta es **4-A**. Íñigo quiere organizar y compartir sus fotos, que es para lo que sirve la herramienta del texto A. La opción E no es correcta porque, aunque esta herramienta también está orientada al mundo de la fotografía, se usa para retocar imágenes, que no es lo que necesita Íñigo.

La opción correcta es **5-J**. Elena quiere permanecer en contacto con su novio y, especialmente, oír su voz y verlo, y esto es lo que ofrece la herramienta del texto J.

La opción correcta es **6-E**. Sergio quiere hacer una felicitación especial utilizando una foto que tiene y añadiendo una imagen suya y una frase escrita, y la herramienta del texto E permite combinar varias imágenes y añadir textos.

Tarea 2, p. 198

La opción correcta es **7-B**. Ana dice que su padre la lleva al instituto junto con sus dos hermanos en el coche.

La opción correcta es **8-B**. Ana dice que los fines de semana va en *autobús* o en *metro*, es decir, en *transporte público*.

La opción correcta es **9-C**. David dice que va *andando* al instituto, es decir, *a pie*.

La opción correcta es **10-C**. David dice que les dijo a sus padres que podría ir en bicicleta al instituto, pero su madre no se lo permite, o sea, que a él le gustaría usarla.

La opción correcta es **11-A**. Quique dice que el alcalde va a poner un autobús que los lleve al instituto, es decir, el próximo año irá en transporte escolar.

La opción correcta es **12-B**. Ana dice que como llegan muy pronto, les toca estar más de media hora en la puerta, es decir, tienen que *esperar a que abran el instituto*.

Tarea 3, p. 199

La opción correcta es **13-C**. El texto habla de las conclusiones a las que ha llegado la *Fundación Orange y Save the children sobre los riesgos y los desafíos propios de la época digital a los que se enfrenta la adolescencia*, es decir, los peligros y los retos de esa era. La opción A no es correcta, porque no se dice que los adolescentes son fundamentales en un mundo globalizado. La opción B tampoco es correcta, porque se dice lo contrario: *una gran mayoría de los adolescentes es consciente de que debería cambiar alguno de sus hábitos en el uso de las pantallas…*

La opción correcta es **14-B**. En el texto se dice que *muchos afirman que sus progenitores usan el móvil o las plataformas digitales más que ellos,* lo que significa que ellos usan la tecnología menos que sus padres. Como hemos visto antes, la opción A no puede ser correcta ya que *una gran mayoría de los adolescentes es* *consciente de que debería cambiar alguno de sus hábitos en el uso de las pantallas para que este sea más saludable...* La opción C tampoco es correcta, porque dicen que *no dormir cerca de sus dispositivos móviles* (esto incluye sus teléfonos) es una de las ideas para cambiar sus hábitos.

La opción correcta es **15-B**. El texto dice que sus preferencias son chatear con sus amigos y que los entornos digitales son el lugar principal donde socializan. La opción A no es correcta, porque ver vídeos y serie es lo que les gusta, en segundo lugar. La opción C tampoco es correcta, porque jugar a videojuegos forma parte de las actividades relacionadas con el ocio que les gusta, en segundo lugar.

La opción correcta es **16-B**. En el texto se dice que *muchos de ellos son conscientes de que su uso excesivo también tiene efectos negativos, tanto físicos como emocionales.* La opción A no es correcta porque no se dice nada de esto. La opción C tampoco es correcta, porque no se dice que los jóvenes tienen problemas de insomnio (*sueño*), sino que son uno de los posibles efectos negativos del uso excesivo de lo digital. No se dice que tienen problemas de comunicación con los demás.

La opción correcta es **17-C**. El texto dice que *la gran mayoría de los adolescentes conoce los riesgos que existen en el entorno digital y entiende que la protección de la privacidad es muy importante. (…) Algunas de las medidas que adoptan para proteger su información en redes sociales son no compartir información personal, mantener sus cuentas en modo privado o no aceptar solicitudes de desconocidos, entre otras.* Todas estas son efectivamente medidas para evitar el acoso en las redes. La opción A no es correcta, porque el texto dice que *algunos* aseguran entender bien qué tipo de información comparte, pero no la mayoría. La opción B tampoco es correcta, porque los mensajes de acoso venían de desconocidos.

La opción correcta es **18-A**. En el texto se dice que *un porcentaje muy elevado reconoce no saber diferenciar qué información es falsa en el entorno digital. En este sentido, es fundamental, por parte de los progenitores y docentes enseñar a tener un pensamiento crítico y ético, despertar el interés por el origen de la información consultada y verificar los datos, porque no toda la información que se obtiene en Internet es segura* por lo que está claro que deben aprender a analizar la información en Internet. Por este mismo motivo, la opción B no puede ser correcta, porque no se habla solo de los profesores (*docentes*), sino también de los padres (*progenitores*). Además, tienen que enseñarles a desarrollar un espíritu crítico, no decirles qué información es correcta y cuál no. La opción C tampoco es correcta, porque no se habla de este tema.

Tarea 4, p. 201

La opción correcta es **19-A**. El pronombre indefinido neutro *algo* es el único que puede ir en esta oración en la que sustituye al *concepto de* ciudad inteligente. La opción B no es correcta, porque *algún* no es pronombre, sino adjetivo que acompaña un sustantivo masculino singular. La opción C tampoco es correcta, porque, *alguna*, aunque puede ser pronombre, no es neutro, sino femenino singular.

La opción correcta es **20-C**. Por el significado de la frase, la palabra *sostenibilidad* es la única posible. La opción A no es correcta, porque la tecnología no puede acompañar al verbo *buscar*. No se puede decir que *Las ciudades inteligentes* o smart cities *se caracterizan por buscar la tecnología*. La tecnología es un medio, una herramienta, no un fin. La opción B tampoco es correcta por lo mismo: no puede acompañar al verbo *buscar*. No se puede decir que *Las ciudades inteligentes* o smart cities *se caracterizan* por buscar *la ecología*. La ecología es un término global, no es una característica.

La opción correcta es **21-B**. *Como* se utiliza para poner ejemplos de algo, en este caso de herramientas. La opción A no es correcta, porque tendría que estar en plural, *iguales que* para concordar con *herramientas*. Por este mismo motivo, la opción C tampoco es correcta, porque habría que añadir *que*.

La opción correcta es **22-A**. Se trata de una comparación para expresar algo superior y *mejor* es el comparativo de superioridad de *bueno*. La opción B no es correcta, porque la idea es que la organización sea *muy buena* (*mejor*) no *grande*. La opción C tampoco tiene sentido ya que *menor* es un comparativo de inferioridad de *pequeño*.

La opción correcta es **23-C**. El adverbio *más* va delante del adjetivo *seguros para* expresar un grado superior de seguridad ya que sigue la frase *aumentando así la protección ciudadana*. La opción A no es correcta porque no expresa este *mayor grado de*. La opción B no tiene sentido, porque faltaría la segunda parte de la comparación: *espacios tan seguros como...*

La opción correcta es **24-B**. El verbo *estar* es el que necesitamos para describir el estado de los contenedores (*llenos*). La opción B no es correcta, porque el verbo *ser* no se utiliza para describir el estado de las cosas. La opción C tampoco tiene sentido.

La opción correcta es **25-C**. En esta frase, necesitamos un relativo de lugar: *donde*. La opción A no es correcta, porque indica movimiento hacia un lugar y aquí se trata del lugar en el que está. La opción C tampoco es correcta porque, *dónde* con tilde es un interrogativo.

79 - 86 Tarea 1, p. 202

La opción correcta es **0-C**. El chico dice que tiene un problema con la pantalla, que corresponde a la fotografía C. La opción A no es correcta porque lo que dice es que el teclado que no funciona bien es el del ordenador de su padre. La opción B tampoco es correcta porque es la chica la que dice que quiere comprar un ratón.

La opción correcta es **1-A**. La chica dice que su nuevo barrio está *en las afueras*, también habla de *bloques altos* que es lo que aparece en la fotografía A. La opción B no es correcta porque corresponde a un edificio antiguo, que es donde la chica vivía antes. La opción C tampoco es correcta porque representa un chalé que es lo que el padre de la chica quería comprar, pero finalmente no lo hicieron.

La opción correcta es **2-A**. La chica dice que primero pensó ir en autobús porque el metro está muy lejos de su casa, pero como tardaba, fue en metro. La opción B no es correcta porque el autobús tardaba tanto que finalmente no lo usó. La opción C tampoco es correcta porque dice que pensó parar un taxi, pero que no lo hizo porque es caro.

La respuesta correcta es **3-B**. La chica dice que está escribiendo una tarjeta de felicitación, que es lo que representa la foto B. Las opciones A y C no son correctas porque representan un mensaje de texto en un móvil y un correo electrónico, que son lo que el chico piensa que es más práctico enviar.

La opción correcta es **4-B**. El chico habla de un pueblo con un castillo, una iglesia y casas antiguas, que es lo que representa la foto B. La opción A no es correcta porque representa una ciudad industrial, que es como describe la chica su ciudad. La opción C tampoco es correcta porque representa una ciudad, no un pueblo y además, no podemos ver ni castillo ni iglesia.

La opción correcta es **5-B**. La chica dice que por su culpa ha entrado un virus en el ordenador de su madre y ahora no funciona, es decir, lo ha estropeado. La opción A no es correcta porque, aunque la chica menciona que descargar películas es ilegal, no es el motivo del enfado de la madre. La opción C tampoco es correcta porque dice que su madre se lo dejó, es decir, sí que tenía permiso para utilizarlo.

La opción correcta es **6-A**. La chica dice que conocía la noticia porque la oyó en la emisora que escucha su padre por las mañanas en el coche, es decir, a través de la radio. La opción B y C no son correctas porque lo que dice es que Marina ha puesto el link de la noticia en Facebook, pero que ella ya lo sabía.

La opción correcta es **7-B**. Lo que dice la chica al final es que va a llamarle con el móvil de su hermana. La opción A no es correcta porque, aunque al principio piensan en esa solución, finalmente la chica prefiere llamarlo por teléfono. La opción C no es correcta porque lo que dice es que va a utilizar el móvil de su hermana para llamarle.

87 Tarea 2, p. 204

La opción correcta es **0-G**. El chico dice: *¿Te animas a venir?*, es decir, quiere que los acompañe.

La opción correcta es **8-F**. El anuncio dice que las visitas se harán *de la mano de un guía oficial*, es decir, son visitas guiadas.

La opción correcta es **9-B**. La mujer dice que no puede abrir el documento y pregunta si se lo puede *volver a mandar*, es decir, tiene que enviárselo otra vez. La opción H no es correcta porque habla de un programa pero no de radio sino informático.

La opción correcta es **10-D**. El anuncio habla de productos *de segunda mano*, es decir, usados.

La opción correcta es **11-J**. La chica dice que va a *ir andando*, o sea, a pie. La opción A no es correcta porque le avisa de lo que va a tardar, en ningún mometo dice que vaya a llegar tarde con respecto a una cita.

La opción correcta es **12-E**. El anuncio habla de una semana, es decir, siete días, en los que va a haber ofertas.

La opción correcta es **13-I**. El anuncio dice que el programa se emite todos los viernes, es decir, semanalmente. La opción C no es correcta porque el programa no se puede escuchar todos los días.

88 Tarea 3, p. 204

La opción correcta es **0-C**. Violeta dice que fue una vez y Ernesto dice que va muchas veces.

La opción correcta es **14-B**. Violeta dice que tiene un primo, o sea, un familiar, que vive cerca.

La opción correcta es **15-A**. Ernesto dice que su ordenador va muy lento y se bloquea, es decir, no le funciona bien.

La opción correcta es **16-C**. Violeta habla de su hermano pequeño y Ernesto, de su hermana mayor.

La opción correcta es **17-B**. Violeta dice que su móvil funciona fatal.

La opción correcta es **18-A**. Ernesto dice: *Puedes pedir uno para tu próximo cumpleaños*. Quiere decir que piensa que es una buena idea de regalo.

La opción correcta es **19-A**. Ernesto dice que su cumpleaños es mañana.

Primera noticia:

La opción correcta es **20-C.** La noticia habla de *las modernas bicicletas eléctricas* y más adelante especifica que son *1080 vehículos repartidos por distintos puntos de la ciudad*, es decir, que son más de 1000. La opción A no es correcta porque el audio dice *antes rojas y ahora turquesa*, no que sean de color rojo y turquesa. La opción B tampoco es correcta ya que, aunque se menciona que son modernas, no se dice que son *más* coloridas.

La opción correcta es **21-C**. El audio dice *después de instalarte su aplicación, las bicicletas se pueden desbloquear* y añade: *Además la misma app indica dónde están las estaciones.* La opción A no es correcta, porque *30 €* no es el precio del abono anual, sino una *promoción*. El audio dice que, *gracias a una promoción, han pagado la mitad, es decir, 30 euros por 12 meses*. La opción B tampoco es correcta porque son *más de 7000 usuarios*.

Segunda noticia:

La opción correcta es **22-B**. La noticia dice que la ciudad de los niños se creó *a principios de los años noventa*, es decir, hace más de veinte años. La opción A no es correcta porque lo que se dice es que una ciudad española, Huesca, se va a unir al proyecto. La opción C tampoco es correcta porque lo que se dice es que fue idea de un pedagogo e investigador italiano, no que solo existe en Italia.

La opción correcta es **23-C**. La noticia dice que *proponen iniciativas para mejorar la ciudad* y que también piensan *cómo luchar contra el malestar de la vida urbana y la ausencia de espacios de juego y convivencia*. La opción A no es correcta porque dice que son elegidos por sus compañeros. La opción B no es correcta porque dice que se reúnen con las autoridades de forma periódica, pero no dice que se reúnan cada año en una ciudad.

Tercera noticia:

La opción correcta es **24-A**. La noticia dice que las conclusiones del estudio serán *una guía para los padres*, es decir, que les será útil. La opción B no es correcta porque dice que *participarán 2 500 niños británicos*. La opción C tampoco es correcta porque lo que dice es que *tendrá un coste de un millón de libras*, no que afectará a un millón de niños.

La opción correcta es **25-C**. La noticia dice que *las radiaciones son más bajas con los teléfonos más modernos y varía según el modelo*, o sea, que hay modelos menos peligrosos. La opción A no es correcta porque, al contrario, dice que hasta el 70 % de los niños de 11 y 12 años tiene móvil. La opción B tampoco es correcta porque dice que se cree que los niños *son más vulnerables*.

1.ª edición: 2025

© Edelsa, S. A. Madrid, 2025
© Autoras: Mónica García-Viñó Sánchez y Pilar Justo Muñoz

Equipo editorial:
Coordinación: Alicia Iglesia
Edición: María Sodore
Corrección Léxico, Gramática y Funciones: Natalia García

Diseño de cubierta: Carolina García
Maquetación interior: Carlos Murillo

ISBN: 978-84-9081-667-7
Depósito legal: M-10833-2025

Impreso en España/*Printed in Spain*

Fotografías:
123RF

Audio:
Locuciones y Montaje Sonoro Bendito Sonido
Voces de la locución: Olga Hernangómez, Ángel Morón, Mario Nuñez, María López y Sabrina Janu (Argentina)

PAPEL DE FIBRA
CERTIFICADO